어둠의 광채

I Loved Jesus in the Night

Paul Murray
Tr. by **Kang Yong SHIN**

Copyright © 2008 Paul Murray
Korean translation copyright © 2010 by ST PAULS, Seoul, Korea

ST PAULS
103-36 Songjung-dong Gangbuk-gu 142-806 Seoul Korea
Tel 02-9448-300, 02-986-1361 Fax 02-986-1365

국립중앙도서관 출판시도서목록(CIP)

어둠의 광채 : 마더 데레사의 신앙의 비밀 / 폴 머리 지음 ; 신강용 옮김.
-- 서울 : 성바오로, 2010
  p. ;   cm

원표제: I loved Jesus in the night : Teresa of Calcutta : a secret revealed
원저자명: Paul Murray
영어 원작을 한국어로 번역
ISBN 978-89-8015-752-5 03230 : \6000

테레사(인명)[Theresa of Calcutta]

238.2099-KDC5
282.092-DDC21   CIP2010002853

I Loved Jesus
in the Night

어둠의 광채

마더 데레사의 신앙의 비밀

폴 머리 지음 | 신강용 옮김

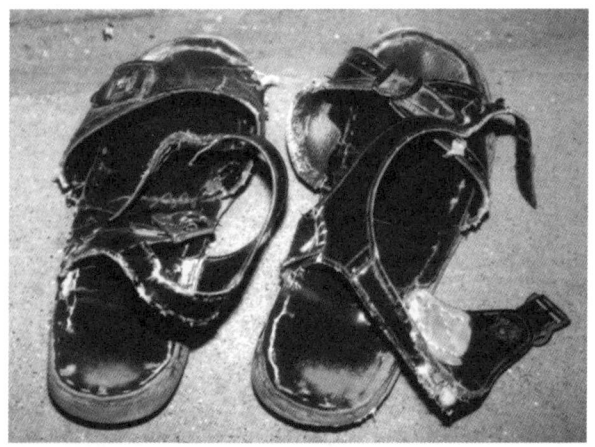
: 마더 데레사의 샌들

사랑에 빠져 있음에도
사랑은 하지 못하고
신앙으로 살지만
믿음은 없다.
나를 비우는 헌신에도 불구하고
아직은 완전한 어둠뿐.

- 콜카타의 데레사 -

추천사

하느님 사랑의 전달자라고 불리는 콜카타의 복녀 마더 데레사는 1910년 8월 26일 현 마케도니아[1*]의 스코페에서 니콜라와 드라나 브약스히야 부부 사이에서 태어나 아녜스 곤히아 브약스히야라는 이름으로 세례를 받았습니다. 아녜스는 여덟 살의 어린 나이에 아버지를 잃었습니다.

18살이 되던 1928년 그녀는 선교사가 되려는 열망을 품고 아일랜드의 로레토 수녀회라고 알려진 복되신 동정성 모회에 입회하게 됩니다. 1929년 1월 6일 인도에 도착하여 콜카타의 성 마리아 학교에서 여학생들을 가르치던 그녀는 1937년 종신 서원을 한 이후부터 마더 데레사로 알려지기 시작했습니다. 로레토 수녀원에서 지낸 20년 동안 그녀는

[1*] 구 유고슬라비아 연방공화국의 6개 공화국 가운데 하나였으나 1991년 독립했다.

깊은 사랑으로 기도하는 사람, 이타적인 사랑과 자선을 실천하는 용기를 지닌 근면한 사람으로 알려졌습니다. 1946년 9월 10일 그녀는 피정을 하기 위해서 콜카타에서 다르질링으로 가는 기차에 올랐습니다. 그 여정 중에 사랑에 목말라하시는 예수님, 영혼들에 대한 깊은 사랑으로 목말라하시는 예수님에 대한 영감을 느끼고 그분의 갈증을 풀어 드리는 '제2의 부르심'이라고 하는 소명을 받게 됩니다.

1950년 10월 7일 콜카타에서 사랑의 선교 수녀회가 공식적으로 설립되었으며, 뒤이어 1963년에는 가난한 사람들의 영혼과 육신적인 요청에 응답하기 위한 사랑의 선교 수사회가 설립되었습니다. 이러한 사명이 전 세계로 퍼져 나감에 따라 마더 데레사는 세상의 주목을 받게 되었고, 1979년에는 노벨 평화상을 비롯한 많은 영예로운 상을 수상하였습니다. 마더 데레사는 하느님의 영광을 위해 이런 상들을 가난한 사람들의 이름으로 받았습니다.

삶을 통해 그녀가 행한 모든 일은 사랑하는 기쁨이 무

엇인지를 보여 줍니다. 이렇게 그녀는 인간 한 사람 한 사람의 존엄성과 위대함을 증거하는 삶을 살았습니다. '미소한 작은 일을 위대한 사랑으로 하는' 것, 하느님과 맺은 깊은 우정, 여기에 그녀의 가치가 있습니다. 그러나 마더 데레사의 삶에 있어 다른 측면은 그녀가 죽은 후에 드러났습니다. 사랑에 대한 갈망이 커질수록, 심지어 하느님에게 버림받았다는 느낌이 들 정도로 그분으로부터 따로 떨어져 있다는 깊은 고통의 체험이 있었던 것입니다. 이를 그녀는 내적인 암흑 체험이라고 불렀습니다. 영혼의 고통스런 밤은 그녀가 가난한 사람들을 위한 일을 시작할 때부터 삶을 마칠 때까지 줄곧 이어졌으며 마더 데레사를 보다 심원한 하느님과의 일치로 이끌었습니다. 마더 데레사는 2003년 10월 3일 교황 요한 바오로 2세에 의해 시복되었습니다.

2010년 8월 26일 우리는 콜카타의 복녀 마더 데레사 탄생 100주년을(1910년 8월 26일 탄생) 기념합니다. 그분의 탄생 100주년을 맞아 우리는 그분의 삶과 사명에 대한 서적들을 통해서, 또 그분의 말씀을 가까이함으로써 그녀의 삶에 대해 생각하고 영감을 얻을 수 있습니다. 이는 그녀가 걸은 길을 우리 역시 함께 걷도록 도울 것입니다.

마더 데레사는 자선의 표상이었으며 사랑을 어떻게 행동으로 옮길 것인지를 우리에게 보여 주셨습니다. 교황 요한 바오로 2세는 그녀의 서거 기념일에 "그녀야말로 예수님께서 당신 제자됨의 특별한 표지로 가르쳐 주셨던 '너희가 서로 사랑하면, 모든 사람이 그것을 보고 너희가 내 제자라는 것을 알게 될 것이다.'(요한 13,35)라는 사랑의 구체적인 실현이었다."라고 말씀하셨습니다.

마더 데레사는 수없이 많은 사람들에게 사랑의 도구셨습니다. 그녀를 만나고 가난한 사람들 사이에서 일해 봄으로써 사람들은 자신들의 삶을 바꾸게 되었습니다. 이 때문에 마더 데레사를 사랑의 도구라고 하는 것입니다. 그녀의 자선 행위들은 사람들로 하여금 인간 마음속 아주 깊숙한 곳에 있는 '사랑하고 사랑받고 싶은' 갈망을 불러일으켰습니다.

"여러분과 나 그리고 세상 사람들 하나하나는 보다 위대한 일을 위하여, 즉 사랑하고 사랑받기 위하여 하느님의 모상대로 창조된 그분의 자녀입니다. 오늘날 세상에 이토록 많은 고통이 있는 것은 우리가 보다 위대한 목표, 즉 사랑하고 사랑받기 위하여 창조되었다는 사실을 잊어버렸기 때문입니다. 그러므로 우리에게는 참으로 기도가 필요합니다. 기도는 깨끗한 마음을 주고, 깨끗한 마음은 사랑할 수 있게 하기 때문입니다. 기도의 열매는 사랑이며, 사랑의 열매는 봉사입니다. 얼마나 많은 일을 하느냐가 아니라 얼마나 많은 사랑을 주느냐가 관건인 것입니다."

(복녀 마더 데레사의 말씀 중에서)

어둔 밤이란 하느님의 빛을 영혼 속에 쏟아부으시는 것 외에 다른 것이 아닙니다. 「어둠의 광채」는 매우 영감 어린 책이며 이해하기에 아주 단순합니다. 이 책을 읽는 이는 적게나마 마더 데레사의 삶과 내면을 엿볼 수 있을 것입니다. 이 책은 저자와 마더 데레사 사이에 있었던 개인적인 체험들을 담고 있으며, 여러 성인들의 다양한 사례를 들어 영혼의 어둔 밤이란 무엇인지, 그 속에서 어떻게 고통을 경험하는지, 또 그러한 고통이 어떻게 사람들로부터 오해를 받게 되는지를 설명하고 있습니다.

우리가 살고 있는 이 시기의 한국을 일러 흔히 '자본주의의 절정'에 달해 있다고들 합니다. 모든 가치와 행복, 심지어 규범까지도 물질을 중심으로 결정하는 현실에 있다는 것입니다. 이러한 세태 속에서도 사람들은 사랑과 나눔이 중요함을 잊지 않고 있습니다. 하지만 이 나눔이 '참된 것'이 되기 위해서는 세상을 바꾸려 하기보다는 마더 데레사의 '작음의 영성'을 실천하는 것이 중요하다고 생각합니다. 그녀는 큰 일을 하지 않았습니다. 사랑의 선교회의 영성이기도 한 '작은 일을 큰 사랑으로' 한 것입니다. 신비스런 우리 삶의 곳곳에 고통이라는 동반자가 있음을 우리는 알고 있습니다. 또 이 고통이 너와 나를 넘어 우리의 이야기라는 것도 알고 있습니다. 이 사실에 깊이 동의해야만 우리가 말하는 '나눔'은 그 '참됨'에 이르게 된다고 봅니다. 이번에 출간된 이 작은 책이 참사랑의 실천과 착한 사마리아인의 표상을 보여 준 마더 데레사의 향기가 되어 그리스도의 사랑이 이 땅에 넘치는 데 도움이 되기를 바랍니다.

2010년 여름
사랑의 선교 수사회 동아시아-한국 준관구장
빈센트 마티아스 Vincent Marthias, M.C.

감사의 말

이 책의 대부분은 3년 전에 완성되었다. 그래서 이 책을 쓰도록 격려해 준 사람들과 초고를 주의 깊게 읽고 다듬어 준 사람들에 대한 고마움도 3년 전으로 거슬러 올라간다. 특별히 드리스콜Jeremy Driscol 신부님과 레드몬드Mary Redmond, 맥쉐인Phillip McShane 신부님께 감사드린다. 데레사 수녀에 대한 생생한 기억을 나누어 주신 사랑의 선교 수녀회 수녀님들을 비롯해, 데레사 수녀와 오랫동안 가까이 지내신 노스캐롤라이나 주 샬럿 교구의 컬린William G. Curlin(은퇴)주교님, 데레사 수녀의 초기 영적 지도자 노이너Josef Neuner 신부님께 특별히 감사드린다.

아울러 콜로디척Brian Kolodiejchuk 신부님과, 데레사 수녀의 글을 인용하도록 허락해 주신 마더 데레사 센터에 특별한 감사를 드린다. 데레사 수녀로부터 직접 들은 말이나 느낌 외에 이 책에 적은 내용들은 데레사 수녀의 개인 기록에서 가져왔다.

그 밖에도 마틴Ed Martin, 포르티에리Susan Portieri, 뎀프시Luke Dempsey 신부님, 퀴글리Jim Quigley 신부님, 샹파뉴Michael Champagne 신부님, 그레이트릭스Joan Greatrex, 볼프Kathy Wolff 수녀님 등의 성원에도 감사드린다.

책머리에

 1997년 마더 데레사가 선종한 뒤 그녀가 오랜 세월을 신앙의 어둔 밤 속을 헤매었다는, 그녀의 믿음에 관한 놀라운 사실들이 조금씩 드러나기 시작했다. 마더 데레사 스스로 깊숙이 감추었다고 말했던 그 사실들이 이제 세상에 드러나, 많은 이들에게 충격과 당혹감을 주고 있다. 몇 년 전만 해도 생각하기 힘들었던 이 사실들은 무신론적이고 통속적인 일부 언론의 표적이 되는 데 그치지 않고, 교회를 걱정하는 다수의 신자들까지도 의아하게 만들고 있다. 마더 데레사가 그 고통의 실상을 감추어야 한다는 중압감에서 세상을 속인 것일까? 아니면 단순히 일종의 우울증으로 시련을 겪었던 것일까? 또는 실제로 마더 데레사가 끝내 신앙을 잃고 말았던 것일까?

 몇 년 전 이 책을 쓰기 시작하면서 나는 마더 데레사의 개인적인 이야기뿐 아니라, 그녀가 오랫동안 겪어야 했던

'어두움'의 깊은 의미를 조명하고자 했는데, 그 의도는 지금도 변함이 없다. 다만 마더 데레사에 대한 최근의 논란과 당혹감을 생각하면서 새로운 바람을 덧붙이자면, 이 작은 책이 '마더 데레사의 어둔 밤'에 대한 절박한 의문들에 도움이 되기를 바란다. 물론 그녀에 대해 더 많이, 더 깊이 알고 있는 사람들도 많을 것이다. 그러나 마더 데레사에 관한 솔직하고 개인적인 경험은 그것이 아무리 하찮은 것이라 해도 성녀의 행적을 입증하는 데 충분한 가치가 있다고 생각하기에, 마더 데레사와의 만남에서 느꼈던 기억들을 여기에 기록하고자 한다.

동시대를 살면서도 마더 데레사를 직접 만나 볼 기회를 얻지 못한, 그래서 그녀를 그저 어느 묘지의 비석에 적힌 사라진 성녀로 생각할 사람들이 이 책을 통해, 나의 경험과 일화들 안에서 내가 기억하듯이 생동하는 여인, 생생한 성녀로서 만나게 되길 바란다.

차례

- 추천사   07
- 감사의 말   14
- 책머리에   16

- 첫 만남, 굶주림에 대한 가르침   21
- 빛과 어두움   23
- 미천함을 통해 일하시는 하느님   24
- 로마에서의 만남   27
- 어두움의 성녀   34
- 어둔 밤의 의미   36
- 어둔 밤의 다양성   42
- 믿음에 대한 의혹   47
- 예수님은 어디 계실까요?   50
- 현존과 부재   55
- 그리스도인의 믿음과 어둔 밤   59
- 역설인가 모순인가   65

❖ 어두움의 광채	69
❖ 아무것도 없는 그 자체를 하느님께 바치세요	73
❖ 미사 중의 데레사 수녀	75
❖ 사랑의 선교	79
❖ 데레사 수녀와 소화 데레사	83
❖ 사랑의 갈망	87
❖ 복종하는 은총	90
❖ 깊은 통찰력, 단순한 언어	93
❖ 작은 기적일까?	96
❖ 자유와 기쁨에 찬 영혼	98
❖ 지상에서 천국으로	104
❖ 선물, 그 축복	106
❖ 번역을 마치고	110

: 마더 데레사와 폴 머리 신부

첫 만남,
굶주림에 대한 가르침

30여 년 전 데레사 수녀를 처음 만났다. 예상 외로 그것은 콜카타의 빈민촌도, 임종을 앞둔 이들의 숙소도, 고아원도 아닌 로마의 어느 대학 강의실이었다. 그 무렵 나 역시 세상의 다른 사람들처럼 데레사 수녀의 행적과 빈민들에 대한 사랑을 익히 들어 잘 알고 있었음에도 처음 만남에서 감명을 받지 않을 수 없었다.

기도로 시작해 기도로 끝을 맺은 데레사 수녀의 강의 시간은 30분 남짓이었지만 그녀의 소박하고 솔직한 말들은 몇 달이 지나도록 내 가슴속에서 사라지지 않았다. 그녀의 음성에는 설명할 수 없는 무언가가 있었다. 한마디 한마디가 단순한 생각이나 신념을 넘어서 그녀의 존재 자체를 그대로 드러내고 있었다.

강의 내내 데레사 수녀는 천천히 나직한 목소리로 말하고 있었지만 슬픈 기색은 없었다. 강의 동안 신약의 몇몇 구절들이 반복해서 언급되었는데, 첫마디는 굶주림에 관한 이야기로 시작되었다.

"예수님은 가난한 사람들의 굶주림을 당신 자신의 굶주림으로 여기셨고 그들의 목마름을 당신 자신의 목마름으로 여기셨습니다. 그렇게 예수님은 우리 가운데 가까이 계십니다. 그런데 우리가 어떻게 그 굶주리고 목마른 예수님을 저버릴 수 있겠습니까?"

데레사 수녀는 요한 1서의 한 구절(4,20)을 인용했다.

"눈에 보이는 자기 형제를 사랑하지 않는 사람이 보이지 않는 하느님을 사랑할 수는 없습니다."

이어서 데레사 수녀는 가난한 이들이 겪는 고통이 얼마나 극심한지 설명하면서 정작 그들이 겪는 가장 큰 괴로움은 물질적인 빈곤이나 결핍보다 아무도 그들을 원하지 않고 돌보지 않는다는 소외감이라고 했다.

그로부터 3년이 흐른 뒤 나는 1977년 6월 10일 영국의 케임브리지에서 데레사 수녀를 단독으로 다시 만나 이야기를 나눌 수 있었고, 운이 좋게도 그런 기회는 계속되었다. 그녀는 늘 기쁨으로 빛나고 있었다. 세상 어느 누가 그처럼 밝은 표정을 지을 수 있을까 싶을 만큼 인상적이었다.

빛과 어두움

 1997년 9월 5일 데레사 수녀는 세상을 떠났다. 그 후 그녀의 내면 상태에 대한 상세한 이야기들이 드러나기 시작하면서 그녀 가까이에서 지내 온 이들에게 충격을 주고 있다. 그동안 데레사 수녀는 우리에게 기쁨으로 빛나던 모습만 보여 주었지만, 사실 그녀의 내면에는 겉으로 드러내지 않은 혼란과 공허, 칠흑 같은 어두움의 그림자가 함께 있었던 것이다. 그녀가 요셉 노이너 신부에게 보낸 편지에서 "만약 제가 성녀가 된다면 틀림없이 '어두움'의 성녀가 될 거예요."라고 썼던 것도 무리가 아니었다. 이제부터 분명히 살펴보게 되겠지만, 그 '어두움'은 단순한 의기소침이나 정서적 불안정이 아니다. 그보다는 오히려 신(하느님의 현존)으로부터 쏟아지는 강렬한 빛이 데레사 수녀의 영혼 한쪽에 드리운 그림자였다고 볼 수 있다. 데레사 수녀에게 하느님의 현존은 완전했고 그런 만큼 또한 숨어 계셨던 것이다. 황량한 공허감과 철저히 버려진 듯한 느낌은 그녀를 정화하는 하느님의 자상한 사랑이었다.

미천함을 통해 일하시는 하느님

데레사 수녀의 선종 이후 그녀가 그토록 오랜 시간 '어두운 밤'에 시달렸다는 것, 또 그녀는 그 사실을 숨기려고 애썼다는 사실이 밝혀지면서 주목을 끌고 있다.

우리는 마더 데레사의 넘치는 친절과 신비 체험의 은사에 대해 잘 알고 있다. 그녀가 가장 가난한 이들 속으로 뛰어들 무렵, 그 은사는 일어났다. 예수님께서 데레사 수녀에게 그녀의 생활을 완전히 바꾸고 새 수도회를 설립하라고 요청하신 것이다.

"인도에 사랑의 선교 수녀회를 세워 가난하고 병들어 죽어 가는 사람들과 불쌍한 어린이들을 돌보아라."

1964년 당시 데레사 수녀의 기록을 보면 "내가 기도하고 성체를 영할 때마다 예수님은 '나의 부탁을 거절할 셈이냐?'고 끊임없이 말씀하셨다."고 한다. 데레사 수녀는 정신이 번쩍 들었으나 자신의 무능과 약함 때문에 이렇게 응답했다고 한다.

"예수님, 당신께서 원하시는 것의 절반도 저는 할 수 없습니다. 저는 그럴 만한 가치도, 힘도 없는 죄인일 뿐입니다."

그러자 예수님께서는 이렇게 다시 말씀하셨다고 한다.

"네가 더없이 약하고 무능하며 죄 많은 사람임을 나는 잘 알고 있다. 그러나 바로 그렇기 때문에 나는 너에게서 나의 영광을 드러내려 한다. 나는 네가 필요하다. 두려워하지 마라. 너에게 부탁하는 것은 바로 나다. 세상이 반대하고 너를 비웃어도 너의 장상이자 동반자인 내가 너를 지켜보고 있다. 두려워하지 마라. 나는 너와 함께, 너를 위해서 네 안에 있다."

이처럼 특별한 임무를 수행하라고 예수님께서 친히 선택하시고 부탁하심에 데레사 수녀는 놀라지 않을 수 없었다.

내 기억에 서너 차례인가 데레사 수녀는 이렇게 말하곤 했다.

"요즘과 같은 시대에 하느님은 그 무엇보다 미천함을 활용하길 원하십니다."

세월이 지나면서 나는 데레사 수녀가 그 '미천함'이라는 말을 종종 즐겨 쓴다는 것을 알게 되었다. 어느 날 그녀는 또 이렇게 말했다.

"폴 신부님, 스스로의 미천함을 깨닫게 될 때 기뻐하세요. 하느님께서는 바로 그 미천함을 좋아하십니다."

그녀는 기쁨과 해방감에 넘치는 모습이었다.

데레사 수녀가 말하는 미천함이란 스스로에 대한 불신으로 자신을 가두는 것도, 요즘 흔히 말하는 '자긍심의 부족'도 아니다. 데레사 수녀는 영적 빈곤 가운데 하느님께 다가간 것이다. 그녀는 자신의 영적 빈곤을 느끼는 만큼 자신을 향한 하느님의 사랑을 절대적으로 신뢰했다.

그렇다. 데레사 수녀는 시련을 겪어야 했고 견디기 어려운 어두움 속을 헤매기도 했으며 때때로 오류를 범하기도 했다. 그러나 그 모든 일 안에서 그녀는 하느님의 사랑하는 자녀이자 귀여운 배필이었다.

1983년 6월 데레사 수녀는 병세가 악화되어 입원 중이었는데 묵상 후 이렇게 적었다.

"나의 모든 믿음과 전 존재를 바쳐 예수님을 사랑했습니다. 예수님께 나는, 심지어 나의 죄조차 포함한 내 전부를 바쳤고, 그분은 나를 사랑으로 감싸 안으며 당신 배필로 삼으셨습니다."

로마에서의 만남

1991년 8월 초 나는 일주일 남짓 로마에 머물면서 산 그레고리오San Gregorio에 있는 사랑의 선교 수녀회에서 데레사 수녀를 만날 수 있었다. 괜히 데레사 수녀의 시간을

뺏는 게 아닐까 싶어 주저하면서 전화를 걸었는데 그녀가 따뜻하게 초청해 주어 우리는 8월 2일 오후 4시 30분에 만날 수 있었다. 그곳은 어느 모로 보나 매우 가난한 수녀원이었다. 우리는 두 건물을 잇는 긴 회색 계단에 함께 앉았다. 대화가 시작되고 내가 데레사 수녀에게 줄 선물을 가져왔다고 하자, "선물이라고요?" 하며 놀라워했다. 나는 늘 사람들을 만날 때면 루르드의 베르나데트 성녀의 기도 구절을 옮겨 적은 카드를 건네주곤 한다. 데레사 수녀에게도 그 카드를 한 장 선물했다. 베르나데트 성녀의 기도[2*]는 신앙생활 중 성녀가 극복해야 했던 '어둔 밤'의 크고 작은 시련을 생생하고 감동적으로 돌이키는, 어린이와 같은 마음이 담긴 기도이다.

물론 나는 데레사 수녀가 베르나데트 성녀와 어떤 공통점이 있는지, 그녀가 베르나데트 성녀처럼 어둔 밤의 시련을 겪고 있는지 전혀 아는 바가 없었다. 무엇이 나로

[2*] Pierluigi Torresin, 'Il Teatamento di S. Bernadette', *Rivista di ascetica e mistica*(1984년 4/6월 호), pp. 139-140.

하여금 그녀에게 그런 선물을 주게 했는지 알 수 없다. 내가 건넨 글귀는 시종 어둔 밤의 고통에 관한 것이지만, 놀랄 만큼 예수님과 성모님에 대한 감사로 가득하다. 데레사 수녀에게 준 카드에 적힌 내용을 포함한 기도의 일부를 인용해 본다.

> 제게 굴욕을 안겨 주고 조롱하고 모욕한 사람들, 저를 미친 사람, 거짓말쟁이, 이기주의자라고 말하는 사람들에 대해 성모님께 감사드립니다. 당신은 이 세상에서 누구보다 무지하고 어리석은 사람을 더 좋아하시기에 감사하고 또 감사드립니다.
> 세상을 떠나 곁에 없는 어머니나 "귀여운 나의 딸"이라 부르며 안아 주는 아버지 대신에 "마리아 베르나데트 수녀님"이라고 불릴 때 제가 겪은 고뇌를 예수님께 감사드립니다.
> 성모님을 뵌 것 때문에 감옥에 보내겠다는 위협을 받고 희한한 동물 취급을 받는가 하면, 정신이 이상해졌다며 쑤군대는 사람들 속에서 비참함을 겪게 하심에 감사드립니다.

오, 하느님! 제게 허락하신 가련한 육신과 끔찍한 병에 대해서도 감사를 드립니다. 육신은 썩어 없어지고 뼈는 점점 더 약해질 것입니다. 이 뜨거운 열기와 식은땀, 그리고 감춰진 극심한 고뇌 또한 감사드립니다.
예수님 당신이 제 영혼에 허락하신 모든 것, 사막 같은 메마름과 암흑, 번개와 천둥, 캄캄한 정적에 대해 감사드립니다. 당신이 제 곁에 계실 때도, 그렇지 않을 때도.

내면의 고통을 남몰래 감내하던 데레사 수녀는 틀림없이 '감춰진 극심한 고뇌'라는 대목에 공감하면서 동병상련의 위안을 얻었을 것이다. 몇 년 뒤 콜카타에서 사랑의 선교 수녀회 회원들의 피정을 지도할 때 데레사 수녀는 내게 이렇게 말했다.

"폴 신부님, 하느님은 제게 스스로를 낮추는 겸양의 선물을 주신 것 같습니다. 제 삶을 돌이켜 보면서, 하느님이 제게 그런 선물을 주실 때는 언제나 제가 낮아지는 굴욕을 통해 주신다는 것을 깨달았습니다. 물론 스스로 낮추는 것과 낮아지는 굴욕은 다르다는 것도 포함해서

요."

  데레사 수녀의 신앙생활에 베르나데트 성녀의 기도에 나타난 고뇌의 체험 거의 대부분이 투영되었음을 잘 알 수 있다. 이를 테면, 베르나데트 성녀가 다른 사람들로부터 조롱과 모욕을 받으며 정신 이상자 취급을 당하는 수모를 겪었듯이 데레사 수녀는 소속 수녀회에서 하느님의 뜻에 따른 과업을 인정받지 못했던 것이다. 1947년 데레사 수녀는 '장상부터 평수녀에 이르기까지 나를 멍청하고 잘난 척하는 미치광이쯤으로 생각하는 것을 잘 안다.'고 술회했다.

  그러나 데레사 수녀는 베르나데트 성녀가 기도 중에 놀라운 겸양을 보였듯이 그처럼 중요한 과업에 부름받은 것에 대해 이렇게 말했다.

  "하느님께서 이 일을 하시기 위해 저보다 더 어리석은 사람이 있었다면 저 대신 그 사람을 쓰셨을 것입니다."

  베르나데트 성녀가 '세상을 떠나 곁에 없는 어머니'라고 표현하며 사랑하는 부모 품이 아닌 신앙 속에 살아야 하는 세속적 고뇌를 기도에서 표현했던 것처럼, 데레사 수녀 역시 오랫동안 어머니와 떨어져 있는 것을 몹시 괴로워했다. 당시 그녀의 조국 알바니아는 공산 치하였기 때문에 11년 동안이나 어머니와 연락을 할 수 없었다. 1957년에 이르러서야 데레사 수녀는 어머니로부터 편지를 받을 수 있었는데, 그녀의 어머니는 1948년 데레사 수녀가 로레토Loreto를 떠난다는 소식을 들은 뒤 연락이 끊겨, 딸이 죽었다고만 생각했다는 것이다

또 데레사 수녀는 베르나데트 성녀가 '희한한 동물 취급'을 받았듯이 자신도 호기심에 찬 극성스런 전 세계 언론의 주목을 받는 것을 성가셔했다. 필라델피아에서 데레사 수녀는 밀려드는 군중과 경찰에 둘러싸인 적이 있었는데, 그것은 마치 십자가의 길과 맞먹는 고통이었다고 반 데 피트Van der Peet 신부에게 쓴 편지에서 언급한 바 있다.

그러나 그 무엇보다도 베르나데트 성녀의 기도에서 데레사 수녀가 가장 먼저 공감한 대목은 내면의 메마름과 어두움을 직접적으로 드러낸 맨 마지막 부분이었을 것이다. 데레사 수녀는 베르나데트 성녀의 기도가 적힌 카드

를 건네받고 그것을 큰 소리로 천천히 읽기 시작했는데, 점점 그 속도가 느려졌다. 데레사 수녀는 단순히 읽는 것이 아니라 끝 부분에 이르러서는 기도를 하고 있었다. 특히 맨 마지막 문장을 읽는 데레사 수녀의 목소리는 더욱더 작게 잦아들었다.

카드를 다 읽고 난 데레사 수녀는 눈을 감고 고개를 깊이 숙였다. 기도를 하고 있는 것이 틀림없었다. 나는 한동안 기다렸고, 마침내 그녀가 고개를 들었을 때 그 눈에는 뭐라 표현할 수 없는 표정이 서려 있었다. 잠시 후 차분한 목소리로 데레사 수녀가 말했다.

"과연 주님은 우리에게 어떻게 말씀하고 계실까요?"

데레사 수녀가 오랜 시간 동안 신비스런 영혼의 '어둔 밤'을 겪었다는 사실에 주목하는 요즘, 1991년 8월의 만남을 돌이켜 보면 나는 적지 않은 기쁨을 느낀다. 베르나데트 성녀의 기도를 읽던 그 순간, 데레사 수녀를 둘러싸고 있던 어두움이 잠시 가셨던 것은 아닐까 싶기도 하고, 혹은 그녀가 겪고 있던 어두움의 정체가 '하느님의 현존에 의한, 자상하지만 밖으로 드러나지 않는 빛'임이 드러났을지도 모른다는 생각이 들기 때문이다.

어두움의
성녀

데레사 수녀가 자신이 겪고 있던 어두움의 깊이를 극소수의 사람들에게만 알렸다는 사실은 그리 놀랄 일이 아니다. 처음에 데레사 수녀는 한때 콜카타의 교구장이자 오랫동안 그녀의 영적 지도자였던 페르디난트 페리에 Ferdinand Périer 대주교를 포함한 몇몇 예수회 신부들과 이 문제를 상의했다. 그 무렵의 '어두움의 편지'라고도 불리는 편지 몇 구절을 소개한다.

제 영혼은 커다란 모순으로 덮여 있습니다. 하느님을 괴로울 만큼 깊이 열망합니다. 그 괴로움은 하느님께 버림받고, 거부당한 듯 계속됩니다. 오직 공허만 있을 뿐, 신념도 사랑도 시샘도 없습니다. 그리고 제게 있어 천국은 그저 텅 비어 보입니다. 하지만 고문을 당하는 듯한 이 모든 괴로움도 하느님을 열망하기 때문이겠지요.

(1957년 2월 28일 페리에 대주교에게 쓴 편지)

사람들은 저의 믿음을 보면서 하느님께 더 가까워지는 것 같다고 말합니다. 저는 그때마다 '신앙이 없다'고 말하고 싶지만 입 밖으로 나오지를 않습니다. 제가 그들을 속이고 있는 것은 아닐까요? 저는 해야 할 말을 하지 않고 입을 다문 채, 하느님과 사람들에게 계속 미소를 짓습니다.

(1962년 9월 21일 로렌스 피카시Lawrence Picachy 주교에게 쓴 편지)

제 영혼이 얼마나 어둡고 고통스러우며 공포에 떨고 있는지 말로 표현할 수가 없습니다. 하느님을 거부하는 듯하면서도 제가 가장 견디기 어려운 것은 하느님을 열망한다는 사실입니다. 이 고통 속에서 제가 유다를 예수님으로 바꾸지 않도록 저를 위해 기도해 주세요.

(1964년 1월 9일 피카시 주교에게 쓴 편지)

사랑 가운데 있으면서도 사랑하지 못하고, 믿음 속에 있으면서도 믿지 못하고, 스스로를 바치고자 하면서도 캄캄한 어두움 속을 헤맵니다.

(1964년 5월 17일 노이너 신부에게 쓴 편지)

데레사 수녀의 이와 같은 고백들은 성화의 길이 위안의 장미로 덮였으리라고 여기는 사람들에게 그러한 생각이 얼마나 잘못되었는지를 날카롭고 직접적으로 지적해 준다. 그렇다면 어째서 하느님은 당신 가까이 머무르는 데레사 수녀에게 그처럼 버림받은 듯한 느낌이 들게 하시고, 고문을 당하는 듯한 고통을 겪게 하셨을까? 또 그토록 내면의 어두움과 공허감에 시달리던 데레사 수녀는 어떻게 사람들에게 확고한 믿음을 전파하며 살 수 있었을까?

어둔 밤의 의미

갖가지 의문에 대한 답을 찾으려는 시도는 그 자체로

추측에 머물 뿐이다. 우리는 그 깊이를 알 수 없고 그 끝이 어디까지인지 헤아릴 수 없다. 단순히 이성적 사고를 통해서는 답을 얻을 수 없다는 사실이 분명해지자, 스페인의 신비가인 십자가의 성 요한이 떠올랐다. 십자가의 성 요한은 여러 저술들에서 우리 각자가 나름의 해석으로 영적 심연의 끝과 깊이를 알아내려는 것은 손으로 바람을 움켜쥐는 것과 같다고 표현했다. 지식과 경험이 부족한 나로서는 십자가의 성 요한의 도움 없이는 그 문제에 대한 어떤 해답도 찾을 수 없다고 생각했다. 16세기 가르멜의 수도자인 성 요한의 도움이 절실했던 것이다. 데레사 수녀 또한 성 요한의 저서를 읽고 예수회의 노이너 신부에게 이런 편지를 썼다고 한다.

> 제가 십자가의 성 요한의 책을 관심 있게 읽었다는 것이 신부님을 놀라게 하리라는 걸 잘 압니다. 그 책을 읽고, 하느님을 그리면서도 그분으로부터 버림받은 듯한 처참함을 느끼는 것에 대해 조금 이해하게 되었습니다.

십자가의 성 요한은 어둔 밤의 시련에 관한 한 적어도 서구의 신비주의 전통에서는 그 권위를 널리 인정받고 있다. 그의 '어둔 밤'은 영혼에 깊이 뿌리박힌 상처와 부족함을 근본적인 정화로 이끌어 간다. 이는 다름 아닌, 하느님을 향한 영적 여정의 한 과정으로서 영혼을 드러나지 않게 광명으로 인도한다. 그러나 성 요한이 지적하고 있듯이, 때때로 그 과정은 너무나 혹독해서 그 속에 있는 영혼은 어둔 밤의 밑바닥에 상상을 초월하는 축복이 기다리고 있고 빛의 강렬함이 다른 모든 것을 압도하리라는 사실을 잊어버릴 수 있다. 성 요한은 '어둔 밤을 통해 하느님께서는 우리의 영으로 흘러 들어오신다. 하느님께서 우리의 영으로 들어오시는 그 순간, 근본적인 정화와 내면의 변화가 일어나고, 이는 우리가 감당하기에는 힘겨운, 폭풍과 같이 무서운 밤이다. 그리고 감각의 밤과 영의 밤은 어두움에 짓눌리며 비탄과 고뇌를 겪지만 그 가운데 우리 영은 파멸에서 해방된다. 나아가 이 과정에서 내적 명상 중에 혹독한 비탄을 맛보며 하느님께 배척을 당하는 듯한 느낌이 들기 시작한다.'고 했다.

데레사 수녀는 피카시 주교에게 쓴 편지 속에서 그 '어둔 밤' 한가운데 버림받은 사람의 목소리로 하느님께 부르짖는다.

> 하느님, 저의 주님, 당신으로부터 버림받아 어둠 속에 떨어진 저는 누구입니까? 당신의 사랑하는 자녀가 가장 미움 받는 처지가 되고 천덕꾸러기가 되어 이렇게 버림받았습니다. 부르짖고 매달리고 간절히 구해도 아무도 대답하지 않습니다. 사랑에 목마른 이 마음속 깊이 드리워진 외로움을 견디기 어렵습니다. 저는 믿음을 잃었습니다. 가슴속에 가득 찬 말과 생각, 들어 본 적이 없는 고뇌를 감히 털어놓지 못합니다. 하느님, 거기 계시면 부디 저를 용서해 주십시오. 제 뜻을 하느님 계신 곳으로 하소연하면 칼날처럼 돌아와 저의 영혼에 상처를 주는 공허함만 들 뿐입니다. 사랑, 그 말은 제게 아무것도 가져다주지 않습니다. 하느님께서 저를 사랑하신다고 해도 어두움과 차가움과 공허가 너무 커서 제 영혼은 아무 위안도 받지 못합니다.

이처럼 낯설고 참담한 데레사 수녀의 탄원은 '어둔 밤'을 머리로 이해한 것과 직접 체험하는 것은 별개라는 점을 우리에게 상기시켜 준다. 우리는 신비주의 전통에 따라 이 어둔 밤이, 하느님의 빛이 우리 영혼에 쏟아지는 상상할 수 없는 은총이라고 여기며 안도하지만, 정작 어둔 밤의 고통과 소외를 직접 겪는 사람은 십자가의 성 요한이 외친 대로 영적 은총은커녕, 하느님께 버림받았다고 믿기 시작하는 것이다. 경험에서 우러난 듯 성 요한은 매우 극단적으로 표현한다.

"우리 영이 느끼는 가장 큰 슬픔은 하느님께 버림받고 혐오의 대상이 되어 어두움 속에 던져지는 것이다. 하느님께 버림받았다는 생각은 우리 영을 비참함에 몸서리치게 하고 죽음의 그림자, 죽음의 탄식, 지옥의 슬픔을 생생하게 한다. 그리고 결국 하느님께서 우리를 벌하시고자 떠나가 버리셨다고 생각하게 한다."

한편 1959년 데레사 수녀는 피카시 주교에게 이렇게 쓴 바 있다.

"지옥에 간 사람들은 하느님으로부터 버림받아 영원

한 고통을 받는다고들 합니다. 저의 영은 하느님이 저를 원하시기는커녕 그분께 버림받았다고 느낍니다. 하느님은 제가 생각하는 그분이 아니며, 심지어 제 곁에 계시지도 않는다는 무서운 상실의 고통만 느껴질 뿐입니다!"

때때로 어둔 밤의 숨 막힐 듯한 시련에 짓눌려, 그 고통을 성 요한이 「어둔 밤」에서 표현했듯이 '우울증의 변덕'으로 혼동하기 쉽다. 성 요한도 우울증 증상과 '어둔 밤' 시련의 차이점을 강조한 바 있다. 즉, 우울증은 지속적인 자괴감 속에 빠져 있는 상태를 뜻하는 반면, 관상 중에 어둔 밤을 겪는 이는 암흑과 메마름의 과정으로 온 마음을 다해 하느님을 섬기며 침잠할 수 없다는 데서 온갖 우려와 초조감을 느끼는 것이다. 이처럼 우울증과 어둔 밤의 시련은 엄연히 다르다. 그리고 성 요한은 '관상 중에 우리가 어둔 밤의 시련으로 아무리 혼란스럽다 해도 하느님은 당신과의 일치를 통해 내면을 향한 열망과 자상한 보살핌으로 우리를 지켜 주신다'고 여러 번 강조했다.

어둔 밤의
다양성

　많은 사람들이 오랜 기간 동안 데레사 수녀를 사랑하고 그녀에게 감동한 것은 데레사 수녀의 태도에서 우러나오는 기쁨 때문이었다. 그런 데레사 수녀가 '어둔 밤'을 겪었다는 사실이 알려지면서 우리는 이전보다 더 그녀에게 친근감을 느낀다. 물론 예상치 못한, 전혀 새로운 사실이라는 점 또한 부인할 수는 없다. 특히 데레사 수녀의 영적 여정에 동참하려는 우리가 어리둥절해하거나 갈피를 잡지 못할 때마다 그녀에게서 놀라운 확신과 희망을 보며 엄청난 격려를 얻었기 때문에 더 그러하다.

　여기서 기도 중 느끼는 어두움을 무조건 신비스런 은총의 표시로 해석해서는 안 된다는 점을 지적해 두어야 할 것 같다. 그런 생각은 위험할 뿐 아니라 때때로 어리석음에 빠뜨릴 수도 있기 때문이다. 예를 들어 죄의 굴레나 습관에서 벗어나지 못한 사람이 기도나 묵상 중에 어두움의 그림자나 영적 슬픔의 구름이 드리워지는 것을 경험할 때가 있는데, 이는 그 사람이 죄인이거나 나약하기 때문에 하느님께서 그의 기도를 받아들이지 않는 것이 아니다. 오히려 그 어두움은 죄책감이나 수치심, 부족함의 표시일 뿐이다. 그렇다고 해서 그것이 하느님께서 그를 반대하거나 그가 하느님을 찾을 때 다가오기를 거부하신다는 뜻도 아니다. 다만 두 경우 모두 앞서 언급한 신비스런 영적 여정의 시작인 성 요한의 '어둔 밤'은 아니라는 것이다. 진정한 '어둔 밤'에는 데레사 수녀의 기도에서 볼 수 있듯이 어떤 표징이 나타난다.

십자가의 성 요한에 의하면 엄밀한 의미의 '어둔 밤'은 세 가지 징후와 함께 시작된다. 먼저, 하느님을 찾는 사람은 과거 자신이 세상과 하느님 안에서 누렸던 즐거움과 만족을 상실하기 시작한다. 그 결과, 기도의 맛을 잃고 표현할 수 없는 무미건조함을 느끼게 된다. 두 번째로, 앞으로 나아가기보다 뒷걸음질치고 있다는 우려가 들기 시작한다. 물론 계속 기도하며 이웃을 사랑하고 배려하지만 신앙생활의 방향을 잃어버리고 더 이상 하느님을 섬기지 않게 된다. 마지막으로, 관상 중에 받았던 큰 위안을 다시 얻어 누릴 수도, 별다른 노력 없이도 사물 가운데 널리 퍼져 있는 하느님의 뜻을 알아차리던 예전의 기도로 되돌아갈 수도 없다는 것을 알게 된다. 성 요한은 이에 대해 순수한 관상에 힘입어 맑아진 영이 분심 없이 하느님과의 대화를 시작하게 된다고 했다. 즉, 기도가 더욱 깊어져 하느님과의 일치를 이룬다는 뜻이다. 그러나 성 요한은 우리의 감각과 영과 마음은 인간적 한계에 갇혀 이 신비의 경지에 이를 수 없기에 '어둔 밤'은 불가피하다고 했다. 이 관상의 경지는 그 자체로서는 큰 은총이지만, 대부분의 사람들은 그것을 깨닫기 어려우며, 데레사 수녀 역시 바로 그런 것이다.

십자가의 성 요한 덕분에 데레사 수녀의 수수께끼 같은 신비의 '어둔 밤'의 정체를 알게 되었지만 그래도 데레사 수녀와 십자가의 성 요한 사이에는 적지 않은 차이가 있다. 영성 신학자이자 시인이었던 성 요한은 '감각의 능동적 밤'과 '영의 수동적 밤' 등 전문적인 용어를 거리낌 없이 쓴 반면, 데레사 수녀는 이러한 표현을 천성적으로 피했다. 그녀는 자연스레 그랬든 의도적으로 그랬든 말이나 글에 수사적 표현보다는 소박하게 복음을 인용하는 것을 더 좋아했다.

데레사 수녀가 겪은 '어두움'을 전통적인 신비주의로 이해하고자 한다면 그녀의 생애가 지극히 단순했기 때문에 그 해석이 모호해질 우려가 있다. 물론 그 자그마한 체구의 수녀에게 특별한 무엇이 숨겨져 있었던 것은 아니다. 데레사 수녀가 겪은 '어둔 밤'의 시련은 말로 표현하기 힘든, 하느님을 향한 신비로 우리의 시선을 사로잡는다. 그녀의 그 '믿음의 밤'에 대한 강렬한 묘사는 인간적인 고뇌와 갈망을 드러낸다. 일찍이 교황 요한 바오로 2세는 십자가의 성 요한 서거 400주년을 맞아 발표한 교서에서 데레사 수녀의 어두움에 관한 편지와 성 요한의 저술에서 공통적으로 언급된 구절을 인용했다. 즉, '어둔 밤'이 전형적인 세속적 인간과 영적 그리스도인의 면모를 보여 준다는 것이다. 신비 신학 저서에 낯설지 않은 사람들에게 이 말은 의외일 수도 있다. 도대체 어떤 점에서 십자가의 성 요한의 '어둔 밤'을 '전형적인 인간'과 결부시킬 수 있으며, 그리스도인의 신비와 통상적인 인간적 고뇌 사이에 어떤 연관이 있다는 말인가? 교황 요한 바오로 2세의 설명을 들어 보자.

> 우리 세대는 죄 없는 사람들이 수없이 죽는 전쟁, 심지어 유태인 학살과 같은 재앙과 시련을 겪으면서 하느님의 침묵과 부재에 의문을 던지는 극적 순간들을 살아왔습니다. 그러한 순간들은 우리로 하여금 성 요한의 '어둔 밤'의 의미가 영적 여정을 통해 이르는 단계에 국한되지 않고, 인간 생활의 실상과 복합적으로 맞물려 함께 체험하는 것임을 좀 더 잘 이해할 수 있게 해 줍니다.

이는 현대에 들어서 깊은 고뇌 가운데 고통을 겪고 있는 인간 개개인이 십자가의 성 요한이나 데레사 수녀의 '어둔 밤'을 통해 예상치 못한 희망의 증거를 발견할 수 있음을 시사한다. 이러한 맥락에서 교황 요한 바오로 2세는 십자가의 성 요한의 영성이 현대를 살아가는 사람들이 겪는 극심한 내적 고통을 감싸 안는다고 주저 없이 말할 수 있었던 것이다. 계속해서 교황 요한 바오로 2세는 이렇게 말했다.

성인의 가르침은 헤아릴 수 없는 고통 속에 살고 있는 오늘날의 인류가 하느님 안에서 구원을 발견하도록 이끌어 줍니다. 질병과 극심한 기아, 전쟁, 불의, 고독, 삶에 대한 허무, 인간 존립에 대한 불안, 죄악의 만연, 하느님의 침묵 혹은 부재 등은 하느님을 믿는 이들에게는 '믿음의 밤'이라고 부를 수 있는 '정화의 과정'이라 하겠습니다.

믿음에 대한 의혹

데레사 수녀를 만나 보거나 그녀의 말을 들어 볼 귀중한 기회가 있었던 사람들은 믿음에 대한 확신으로 가득 찬 사람과 함께한다는 인상을 받을 것이다. 그런데 그런 데레사 수녀가 하느님의 존재에 관해서조차 깊은 의혹을 품는 글을 썼다는 사실을 어떻게 설명할 수 있을까?

여기에 대한 대답을 찾는 방법의 하나로, 이율배반적이면서도 역설적인 믿음을 강조한 십자가의 성 요한의 「가르멜의 산길」을 읽어 보기를 권한다. 성 요한은, 지성을 통해 믿음의 확신을 인지할 수 있다 해도 사실은 어두움 속을 헤맬 뿐 선명하게 알 수는 없다고 했다. 이 어두움이 바로 영적 여정에서 겪는 시련이다. 즉, 믿음을 통해 확신을 얻었음에도 불구하고 그 믿음 자체가 늘 불투명하고 사리에 딱 맞아떨어지지 않기 때문이다. 믿음은 근본적이고 긍정적인 진리를 수용하지만 그 자체를 바로 알 수 있는 것은 아니다. 진리의 수용은 아무리 확고하고 지속적이어도 항상 불확실하며, 따라서 영적 여정에서 우리의 마음은 불안정할 수밖에 없는 것이다.

평범한 신자들도 종종 자신이 하느님을 믿지 않는 무신론자처럼 느껴질 때가 있으며, 그러한 느낌은 믿음이 밤의 깊은 어두움으로 들어가기 시작할 때 그들을 극심한 괴로움 속으로 내몬다.

과거 성인들이나 신비가들은, 하느님께 거부당하는 느낌을 시련의 한 과정이라고 누누이 설명했다. 그러나 베네딕도 수도회의 존 채프만 수사는 (1923년 자신의 저서에서) 현대인들이 이러한 시련을 특별한 저항이나 충동으로 인식하지 않고, 오히려 이러한 시련을 통해 종교가 참되다는 믿음을 잃어버리고 있다고 했다. 채프만의 이러한 통찰은 영적 여정에서 겪게 되는 시련이 우리 모두에게 깊이 적용되고 있음을 뜻한다. 마치 하느님과 종교를 상실한 채 깊은 구렁으로 빠져드는 듯한 이 느낌은 과거 그리스도인들이 괴로움 속에서 겪던 시련이라고 볼 수 있다. 이는 지적이거나 영적으로 뛰어난 사람들에게만 주어지는 선물이 아니다. 오랫동안 기도 생활을 통해 신앙을 지키면서 스스로를 평범하고 보잘것없다고 여기던 수많은 겸손한 이들도 종종 기도 중에 하느님께서 함께 계신다는 확신을 잃어버리곤 한다. 그들은 신앙의 어둔 밤에 '더 이상 하느님을 모르겠다. 올바른 영적 여정을 걷고 있는지, 심지어 하느님이 계신지조차 모르겠다.'고 고백한 도미니코 수도회의 신비 영성가인 복자 요하네스 타울러의 뜻을 이해할 것이다. 비록 신앙의 깊은 밤, 더 이상 하느님을 신뢰할 수 없다는 공포로 극심한 고통을 받는다 해도 그것이 곧 하느님을 향한 믿음의 상실은 아니다. 그리고 흔히 말하듯이 이른바 '신앙의 위기'라고도 볼 수 없다. 오히려 그것은 강도 높은 정화의 한 단계로서, 축복의 혼란이며 더욱 깊은 하느님과의 일치에 이르는 전례의 과정이라 하겠다.

예수님은 어디 계실까요?

데레사 수녀의 어둔 밤의 고뇌는 단순히 마음을 짓누르는 어두움에서 그치지 않았다. 그녀의 영혼을 가장 괴롭히는 것은 하느님에 대한 애타는 갈망이었다.

1958년 11월 6일 데레사 수녀는 피카시 주교에게 이렇게 썼다.

"하느님을 사랑하는 것이 이토록 괴로운 일인지 미처 몰랐습니다. 하느님을 잃어버려 괴롭고, 잃은 하느님을 갈망하기에 괴롭고, 하느님으로 말미암은 인간이기에 괴롭습니다."

십자가의 성 요한도 이 괴로움에 대해 '우리 영혼은 하느님과의 일치를 추구하는, 끝을 알 수 없는 깊은 갈망을 품고 있다.'고 「영가」에서 언급한 바 있다.

여러 해 동안 데레사 수녀는 어둔 밤의 시련에 관해 윌리엄 컬린 신부에게 흉금을 털어놓곤 했다. 컬린 신부는 1983년 1월 콜카타의 수녀원에 피정 지도자로 초청되었다. 당시 그는 워싱턴 성당에서 사목 중이었고 몇 년 후 주교가 되었으며 지금은 은퇴하여 노스캐롤라이나 주 샬럿 교구에 머물고 있다. 당시 피정 중 어느 날 저녁, 컬린 신부는 데레사 수녀와 '영적 메마름'에 대해 이야기를 나누게 되었다. 그리 떨어져 있지 않은 곳에서 두 사람의 대화 모습을 본 한 수녀는, 데레사 수녀가 평소 영적 메마름이나 내면의 어두움에 시달릴 것이라고는 조금도 생각하지 못하고 이렇게 말했다고 한다.

"불우한 사람들을 돌보는 수녀님을 돕고자 하느님은 틀림없이 크나큰 위안을 주셨을 겁니다."

그 오랜 세월 동안 데레사 수녀는 하느님께 위안을 얻지 못하는 메마름에 시달렸음에도 가까이에 있는 이들조차 그런 내면의 괴로움을 알아차리지 못한 채, 이처럼 무지하다 싶을 정도로 순진하게 말했다는 사실은 얼마나 충격적인가?

데레사 수녀가 선종하고 몇 년이 흐른 2006년 6월 18일 컬린 주교는 전화 통화에서 데레사 수녀는 '내면의 어두움'으로 초점이 맞추어져 가는 대화에서 벗어나고자 조용히 자리를 떠났다고 당시를 회상했다.

그날 저녁 데레사 수녀는 영성체 전에 짧은 메모를 다른 수녀를 통해 컬린 신부에게 전달했다. 성체 강복 시작 직전에 쓴 듯한 메모였다. 그 메모에는 짧지만 온몸이 굳어질 듯한 강렬한 내용이 적혀 있었다.

"신부님, 저를 위해 기도해 주세요. 도대체 예수님은 어디에 계실까요?"

메모를 받아든 컬린 신부가 데레사 수녀를 바라보자, 그녀는 잠시 컬린 신부를 응시한 뒤 무릎을 꿇고 두 손을 모아 기도하며 시선을 제대 위의 성체로 향했다.

사랑하는 하느님께서 자신의 곁을 떠난 듯한 고통은 쉬이 사라지지 않아 데레사 수녀는 남은 생애를 영적 시련 속에서 보냈지만, 그 가운데서도 하느님의 뜻에 따르는 용기를 어떻게든 찾아내 끊임없이 하느님의 뜻을 좇아 살았다. 피카시 주교에게 쓴 편지에서 데레사 수녀는 이렇게 말했다.

"어두움은 너무 어둡고 괴로움은 너무 괴롭습니다. 하지만 저는 하느님께서 주시는 것은 어두움이든 괴로움이든 무엇이든지 받아들이며, 하느님께서 받아 주시는 것은 무엇이든지 다 드릴 것입니다."

데레사 수녀가 매일을 하루처럼 한눈 한번 팔지 않고 하느님을 신뢰하는 마음으로 친절과 자비를 베풀 수 있었던 것은, 그만큼 하느님께 복종하려 했고 하느님께 매달리며 신의를 지키려 열망했기 때문이다. 데레사 수녀가 꺾일 줄 모르는 의지와 확신을 지니고 있었다는 데 이견을 표할 사람은 아무도 없을 것이다. 그리고 그 내면의 어두움에 대해 알게 되었기에 이제 그녀는 혼돈의 삶을 사는 사람들의 초상으로서, 영혼 깊은 곳에서, 누구보다 가까이에서 가장 가난한 사람들과 동고동락하는 상처 받고 버림받은 성녀로 인식될 것이다.

어둔 밤의 시련에 관해 데레사 수녀가 흉금을 털어놓았던 소수의 대화 상대 중에 인도 예수회 소속의 요셉 노이너 신부가 있다. 다행히도 이 원고가 완성되기 얼마 전인 2006년 3월에 노이너 신부로부터 데레사 수녀의 '오랜 어둔 밤'에 관한 편지를 받을 수 있었다. 편지에서 노이너 신부는 이렇게 적고 있다.

"대부분의 사람들이 데레사 수녀에 대해 아무것도 알지 못한 채 자비로운 사랑의 전형으로만 생각합니다. 그들은 데레사 수녀의 영성의 뿌리는 보지 못합니다. 예수님은 우리의 처지와 어두움 가운데 우리와 함께 계시며, 우리의 단절된 삶 속에서 단절됨 없이 영원한 일치를 이루십니다. 그리고 성부와의 일치 속에서 우리를 구원하십니다. 이것이 바로 데레사 수녀가 베푼 자비의 핵심입니다."

> Father, please
> pray for me —
> where is Jesus?

: 컬린 신부에게 쓴 데레사 수녀의 메모

현존과
부재

임종을 앞둔 어느 날 데레사 수녀는 친구처럼 여기던 컬린 주교에게 전화를 걸어 "제게 있어 천국으로 가는 열쇠는 예수님을 어둔 밤 가운데 사랑한 것입니다."라고 말했다고 한다. 2006년 6월 컬린 주교는 내게 이 말을 여러 번 되풀이했다.

이 작은 '어둔 밤'의 성녀에게도 마치 집행 유예처럼 잠깐씩 구름이 걷힐 때가 있었다. 콜카타의 대성당에서 미사를 드리던 데레사 수녀는 자신이 설립한 사랑의 선교 수녀회에 대해 하느님의 재가를 구하는 기도 중 예사롭지 않은 빛을 느꼈다. 그녀는 그 기쁨을 페리에 주교에게 적어 보냈다.

"그토록 오랫동안 지속되던 상실과 고독의 어두움이 걷히고, 오늘 제 영혼은 단절되지 않은 하느님과의 사랑의 기쁨으로 채워짐을 느낍니다."

하느님과의 신비적 일치를 추구하는 모든 관상가들이 그러하듯이, 데레사 수녀 역시 때때로 기도의 체험을 단순하면서도 긍정적으로 표현했다. 그러나 또 기도가 얼마나 괴로운 공허감을 동반하는지 모른다고도 했다. 그것은 기도 자체가 고통의 연속이라는 뜻이 아니라, 기도 중에 가슴을 에는 듯한 시련이 닥치면 영혼이 마비되어 아예 기도를 할 수조차 없어 어찌할 바를 모르게 된다는 뜻이다. 1980년 1월 8일 데레사 수녀는 기도조차 불가능한 듯한 어두움의 시간에 대해 다음과 같이 격려했다.

기도가 고문이어서는 안 됩니다. 기도가 우리를 불안하게 하는 고통이 되어서는 안 됩니다.

기도는 하느님께 바라는 바를 말씀드리는 것이며, 우리의 몸과 생각과 마음과 영혼이 함께하시는 예수님과 대화하는 것입니다.

기도를 제대로 할 수 없을 때가 오면 방법은 단순합니다. 우리 안에 계시는 예수님께 기도해 달라고 청하면 됩니다. 우리 안에서 그분께서 기도하시도록, 말씀하시도록 성부 하느님께 침묵 가운데 마음을 열어 드리면 됩니다.

우리가 기도를 할 수 없다면 예수님께서 기도해 주십니다. 그래서 우리는 늘 '제 안에 계시는 예수님, 저는 예수님이 저를 한결같이 사랑하심을 믿습니다.' 라고 말씀드려야 합니다.

데레사 수녀는 생전에 수천 페이지에 달하는 편지를 썼지만 기도의 표현은 늘 간단명료했다. 특히 1976년 6월 18일 반 데 피트 신부에게 쓴 편지의 한 부분은 예수님을 향한 더할 나위 없는 사랑을 표현하고 있어 감동적이다.

예수님을 향한 제 사랑은 점점 더 단순하고 개인적이 되어 가는 듯합니다. 저는 예수님이 괜찮다고 하신다면 제 마음 따위, 심지어 제 안에 계신 예수님을 둘러싼 어두움까지도 개의치 마시고 편안하게 계시기를 원합니다. 이 모든 것에도 불구하고 예수님은 제 전부이며 저는 오직 예수님만을 사랑합니다.

이 편지를 비롯해 개인적인 편지들을 살펴보면, 당시 데레사 수녀가 자신을 둘러싼 '어두움'으로 인해 극심한 혼란을 겪으면서도 슬퍼하거나 우울해하지는 않았다는 것을 알 수 있다. 오히려 우리의 '어두움의 성녀'는 사랑하는 하느님을 염려하면서, 자신의 안녕보다는 마음속에 숨어 계신 주님의 안녕에 놀랄 만큼 상냥하게 집중했다. 오랫동안 겪어야 했던 어두움과 메마름에도 불구하고 하느님을 향한 데레사 수녀의 마음속에는 십자가의 성 요한이 말했듯이 '애틋한 우려와 가슴을 태우는 근심' 뿐이었다.

그리스도인의 믿음과
어둔 밤

 잠시 숨을 고르고 데레사 수녀가 어둔 밤 가운데 겪었던 하느님의 '부재'에 대한 동료 수녀의 수수께끼 같은 말을 되새겨 보자. 데레사 수녀와 같은 생애를 산 사람이 그런 영적 메마름과 어두움 때문에 고통을 받아야 했던 것을 그 선량한 수녀는 이해할 수 없었을 것이다. '불우한 사람들을 돌보는 데레사 수녀를 돕고자 하느님은 틀림없이 크나큰 위안을 주셨을 것'이라는 그 수녀의 생각은 너무나 평범하고 당연하다. 그러나 실상 성스럽고 용기 있게 일하며 산 많은 이들이 일반적인 생각처럼 자주 하느님께 이렇다 할 위안을 얻지는 못했다고 한다. 물론 우리는 그러한 어두움에 대해 익히 알고 있다. 하지만 데레사 수녀가 오랜 시간 동안 그러한 어두움을 겪었다는 데 대해서는 이 글을 읽는 사람들을 포함해 많은 이들이 낯설어할 것이다. 그리고 다음과 같은 질문들을 던지지 않을 수 없을 것이다.

일찍이 사랑이신 하느님은 예수님을 통해 '하느님은 빛이시며 그분께는 어둠이 전혀 없다는 것'(1요한 1,5)을 드러내지 않으셨던가? 이 분명한 말씀이 우리의 영과 정서를 이토록 어둡고 깊은 불안 속으로 떨어뜨린단 말인가? 다른 이들의 빛나는 믿음과 데레사 수녀가 겪어야 했던 어둔 밤과의 연관성을 도대체 어떻게 이해할 수 있을까? 그리스도인의 신앙 체험은 여러 세기에 걸쳐 내적 감각이나 하느님의 현존을 인식하며 이어 오지 않았던가? 존경받아 마땅한 위대한 성인과 영성가들에 의해 구원의 은총에 대한 깨달음은 입증되지 않았던가?

당장 몇 마디 말로 이러한 의문들에 대한 해답을 찾을 수는 없겠지만, 다양한 시각으로 접근해 보자. 먼저, 극히 제한된 그리스도인들만이 데레사 수녀처럼 '어둔 밤'의 영적 시련을 겪었다는 점이다. 거기에는 데레사 수녀가 직접 세웠거나 그녀의 영감에 힘입어 설립된 수도원, 신심 단체의 회원들도 포함된다. 수년 전 라칭거 추기경(현 교황 베네딕토 16세)은 십자가의 성 요한의 어둔 밤에 관한 흥미로운 관점을 제시했는데, 데레사 수녀의 어둔 밤

역시 같은 맥락에서 볼 수 있겠다. 라칭거 추기경에 따르면, 십자가의 성 요한이 기술한 '어둔 밤'은 성인에게 개인적으로 특별히 주어진 기도의 은사였다. 따라서 그를 따르는 모든 이가 하느님의 부르심을 받아 기도하던 성 요한처럼 기도해야 하는 것은 아니다. 아울러 '교회의 신심 단체를 세운 사람들에게는 신비로운 은총이 주어지며, 그 은총은 고유한 기도의 체험으로서 같은 단체에 속한 사람들에게조차 모방이나 동경의 대상이 될 수 없다.'고 강조했다.

콜카타의 데레사 수녀는 모두의 상상을 초월할 만큼 깊은 신심으로 자신을 온전히 예수님께 바쳤다. 그리고 그분의 수난과 죽음과 부활을 함께했다. 이 빛나는 믿음의 은총과 완전한 영적 어두움을 감내해야 했던 역설은 그 깊이에 있어서는 보통의 체험과는 매우 큰 차이가 있지만, 지향하는 바는 다르지 않다. 그리스도인의 신앙은 아무리 믿음이 약한 신자라도 하느님의 구원을 확신하는 동안에는 그 믿음 안에 일종의 어두움이 서린다. 이는 기도의 체험 중에 절실히 느낄 수 있으며, 위대한 신비가나 관상가가 아니라도 누구나 이러한 경험을 할 수 있다. 중세에 널리 알려진, 기도에 관한 다음 글[3*]은 그러한 사실을 잘 드러내고 있다.

> 처음에는 마음속에 어두움밖에 느껴지지 않는다. 당신의 존재 깊숙한 곳에 자리한 하느님을 향한 숨길 수 없는 열망 외에는 아무것도 알 수도 느낄 수도 없다. 당신의 정신은 하느님께 머물지 못하고, 마음은 하느님 사랑의 참된 기쁨을 만끽하지 못해 실망하고 좌절한다. 그러나 그 어두움에 익숙해지도록 노력해야 한다. 당신의 영혼이, 당신이 사랑하는 하느님을 간절히, 가능한 한 자주 부르게 하라.

여기서 말하는 좌절과 어두움은 종종 '평범한' 신자들을 당황하게 하며 신앙을 잃어버린 것이 아닐까 우려하게 한다. 그러나 그것이 전부는 아니다. 실제로 이런 과정을 겪으면서 신자들은 지난 수 세기 동안 관상가들이

3* *The Cloud of Unknowing*, ed. W. Johnston, New York 1973, pp. 48-49.

때때로 무신론에 빠진 듯한 캄캄한 어두움 속에서도 하느님에 대한 믿음을 의연히 지켰다는 용기에 위안과 자신을 얻게 된다.

1967년 로마에서 열렸던 특별 시노드에 참석한 주교들에게 보낸 관상 수도자들의 공개서한에서 이러한 사실에 대한 한줄기 빛을 볼 수 있다.

> 영적 사막으로 부름받고 이 소명을 스스로 선택한 관상가들은 어둔 밤의 쓰라림과 고통을 압니다. 그러나 또한 그들은 예수님의 생애를 통해 하느님은 죽음을 물리치고 승리를 거두신다는 것을 압니다. 세상에는 하느님께서 그 자리를 비운 듯, 심지어 존재하지도 않는 듯한 생각이 만연하고 그리스도인들에게는 무신론적 유혹이 엄습해도, 결국 그들의 믿음을 굳세게 하기 위해 신비스런 어둔 밤과 같은 과정이 불가피하다는 것을 이해합니다.

아울러 이어지는 문장에서는 굳센 의지와 아름다움으로 가득 찬 신앙의 확신을 읽을 수 있다.

사막은 우리의 마음을 발가벗겨 모든 구실과 변명, 하느님께 관한 불완전한 개념들을 쓸어버리고 우리를 순수한 본질로 압축하고 진실에 직면하도록 샛길로 빠져나갈 여지를 없앤다. 이렇게 신앙 자체에 도움을 주고, 비참한 우리 마음에 하느님의 자비가 확고하게 자리한다. 우리는 자신의 나약함을 치유하는, 엄청난 힘으로 다져지는 은총을 받는다. 비록 무신론의 유혹으로 이끌리는 듯한 사막의 통로를 지나지만, 관상의 체험은 부정적이지 않다. 하느님의 초월성 때문에 그분께서 안 계신 듯 느껴지는 것은, 역설적으로 하느님께서 온 우주에 완전히 함께하신다는 뜻이다.

신앙 체험의 핵심이 분명해 보이지 않고 이처럼 불가사의한 것은 신앙의 본질이 우리의 이성으로 깨달을 수 있는 명료한 논리가 아니기 때문이다. 신앙은 한낱 이데올로기가 아니다. 신앙은 우리에게 훨씬 더 값진 것을 가져다준다. 우리는 신앙에 힘입어, 직접 손을 뻗어 말씀이 사람이 되신 하느님을 만질 수 있고 그분과 친밀한 교류를 나눌 수 있다. 이러한 '일치'는 생생한 자각의 상태로서, 짧은 순간 하느님의 현존을 깊이 체험한다. 그러나 이보다 더 자주 우리는 기도 중에 하느님께서 틀림없이 함께하시는데도 그것을 감지하지 못할 때가 있는데, 그것이 곧 '어둔 밤'이다.

역설인가 모순인가

"사람들이 나의 확고한 신앙을 보면서 하느님께 가까워진다고 합니다. 제가 그들을 기만하고 있는 게 아닐까요?"

데레사 수녀가 1962년 9월 21일에 피카시 주교에게 쓴 편지의 내용이다. 마치 스스로에게 묻듯이, 번민하는 마음을 밝히며 여러 번 되풀이해서 적고 있다. 이 번민은 상반된, 하나의 뿌리에서 나온다. 즉, 데레사 수녀를 통해 하느님께서 사람들에게 부어 주시는 축복과 철저히 차갑고 어둡고 무미건조한 데레사 수녀의 영적 내면에서 나오는 것이다. 어느 날 데레사 수녀는 가깝게 지내던 앨버트 후아트Albert Huart 신부에게 이렇게 고백했다.

"제가 입을 열어 동료 수녀들과 다른 사람들에게 하느님과 하느님의 섭리를 말하면 그들은 빛과 기쁨과 용기를 얻지만 저 자신은 아무것도 느끼지 못합니다. 제 내면은 온통 캄캄하고 하느님께로부터 잘려 나간 듯한 기분이 들 뿐입니다."

이렇듯 데레사 수녀는 자신의 어두움에 대해 의문을 품을 정도로 혼돈의 시간을 보내고 있었다.

1961년 11월 8일 데레사 수녀는 노이너 신부에게 '무슨 일이 일어나고 있는지 모르겠다.'고 썼는가 하면, 같은 해 피정 중에는 다시 '극심한 모순 속에 살고 있다.'고 말했다. 데레사 수녀가 "예수님, 제 영혼이 헛것에 속지 않도록 해 주시고 아울러 다른 사람들이 제게 속지 않게 해 주세요." 하고 기도했던 것도 무리가 아니다.

이렇듯 내면의 고통에 직면하면서도 매일 미소를 짓고 희망과 용기를 잃지 않기 위해서 데레사 수녀는 엄청난 노력을 해야 했을 것이다. 겉으로는 미소를 잃지 않으면서 내면의 불행에 맞서야 하는, 그 극명한 모순 속에서 매일의 삶은 얼마나 곤혹스러웠을까? 완전히 상반된 외면과 내면의 실상으로 미루어 짐작건대, 어느 방송 해설자의 말처럼 그 명성과 순수한 선행에도 불구하고 데레사 수녀가 말년에는 기만과 위선에 빠졌던 것은 아닐까? 전 세계 수많은 사람들에게 축복과 격려를 안겨 준 기쁨은 거짓이거나 억지였을까? 아니면 내면의 어두움과 냉랭함에도 불구하고 어떤 빛과 뜨거움 속에 감추어진, 그녀 자신도 깨닫지 못한 강렬하고 순수한 기쁨이 있었던 것은 아닐까? 당연히 후자였으리라. 그러나 과연 그렇다면 어떻게 지극한 고통과 지극한 기쁨이 동시에 한 사람 안에서 공존할 수 있었을까?

여기에 대한 적절한 대답은 교황 바오로 6세에게서 찾을 수 있다. 교황 바오로 6세는 1974년 6월 28일 '그리스도인 삶 속의 고통'이라는 강론에서 이렇게 말했다.

"그리스도 신앙인에게는 두 가지 마음이 있습니다. 즉, 자연적인 마음과 초자연적인 마음입니다. 그로 인해 너무나 다른 고통과 기쁨이 양립할 뿐 아니라 공존할 수 있습니다. 즉, 서로 반대되는 슬픔과 기쁨을 동시에 한곳에서 상호 보완하는 상태로 경험할 수 있습니다."

이 말을 통해 데레사 수녀가 자연적인 마음으로 평상시에는 철저한 메마름을 느꼈지만, 초자연적인 은총의 섭리가 작용하는 더 깊은 마음 안에서 하느님의 뜻에 일치함을 인식했음을 알 수 있다. 실제로 데레사 수녀는 1964년 1월 8일 피카시 주교에게 이렇게 적고 있다.

"제 마음속에 하느님의 뜻과 깊은 일치를 느낍니다. 저는 하느님과의 이 일치를 감정이 아닌 의지로 받아들입니다."

1959년 12월 데레사 수녀가 피카시 주교에게 보낸 성탄 편지는, 세 가지 차원으로 구분되는 그녀의 체험이 분명히 드러난다는 점에서 그 의미가 각별하다. 우선 주변 사람들과 즐거움을 나누는 순수한 기쁨이 있고, 다음 차원으로는 가슴을 에는 어두움과 고독의 인식이 자리한다. 그리고 마지막으로 하느님과 일치를 이루는 지극한 희열의 차원에 이른다.

하느님께 감사드립니다. 어제 성탄절을 맞아 수녀님들과 아이들, 나환자들을 비롯한 병들고 가엾은 우리 식구 모두가 즐겁게 보낼 수 있었습니다.

그렇지만 제 내면은 여전히 어두움과 갈등, 외로움에 떱니다. 저는 제 생명이 다할 때까지 이러한 제 생활에 만족할 것입니다.

어두움의 광채

잘 알다시피 데레사 수녀는 임종 때까지 어둔 밤에 시달렸지만 그 시련에 대한 자세는 때마다 크게 달랐다. 그녀는 점차 어두움이 예수님의 수난에 동참하는 것일 뿐 아니라, 그녀가 수행하는 사도직의 영적 한 측면임을 인식하게 되었다. 1961년 4월 11일경 데레사 수녀는 노이너 신부에게 이렇게 적고 있다.

"저는 어두움을 사랑하게 되었습니다. 이제 저는 이 어두움이 예수님이 세상에서 겪으신 어두움의 아주 작은

한 부분이라는 것을 믿습니다."

또한 1995년 데레사 수녀가 컬린 주교를 마지막으로 만났을 때는 이렇게 강조해 말했다고 한다.

"제가 느끼는 공허를 예수님께 바칠 수 있다는 것은 얼마나 큰 선물인지요! 저는 이 선물을 예수님께 바칠 수 있어 너무도 행복합니다."

데레사 수녀에게 그 선물이 그토록 값졌던 것은, 그것이 무엇보다도 하느님과의 일치를 이루는 바탕이었기 때문이다. 나아가 사랑받지 못하고 버림받은 듯한 어둔 밤의 시련이 헐벗고 굶주린 사람들에게 더 가까이 갈 수 있는 힘을 주었기 때문이다.

1962년 5월 12일 노이너 신부에게는 이렇게 썼다.

"주님께서 원하시는 대로 쓰시도록 저를 온전히 내어 드립니다. 저의 어두움이 사람들의 영혼에 빛이 된다면 더 이상 바랄 것이 없습니다. 사랑받지 못하고 길가에 버려진 불쌍한 사람들의 육신이 곧 진정한 제 영적 삶의 모습입니다."

1960년 여름, 데레사 수녀는 어둔 밤으로 또 한 번 사람들을 놀라게 했다. 피카시 주교에게 쓴 편지 중간에 난데없이 힘차게 "어두움의 빛은 너무 밝습니다."라고 외쳤던 것이다. 짧은 문장이었지만 그녀가 쓴 이 역설적인 언어는 체스터튼G.K.Chesterton이 썼음직한 말이었다. 이 말이 대단히 긍정적으로 들리겠지만 그녀가 그것을 언급한 시점은 어둔 밤의 시련이 그 어느 때보다 절정에 달했을 때였다. 그리고 의미심장하게도 그 다음에 이어지는 말은 "저를 위해 기도해 주십시오."였다. 데레사 수녀의 말이 영적 고뇌를 강조했든 영적 기쁨을 강조했든, 그녀가 그토록 오랫동안 어두움 속을 헤매며 사랑도, 의미도 없다고 느낀 어둔 밤의 심연에는 신비로운 밝은 빛(역설적인 어두움의 빛)이 비추고 있으며, 그것이 곧 하느님의 현존임을 깨달은 것으로 보아 데레사 수녀의 표현은 어둔 밤을 긍정적으로 인식한 것이라고 볼 수 있다.

우리는 종종 콜카타의 마더 데레사가 여느 사람처럼 살과 피로 이루어졌다는 사실을 잊어버리곤 한다. 세상 모든 사람들이 그녀를 성스러운 상징으로서만 생각하는 데 익숙해져 있다. 그러나 데레사 수녀는 언젠가 이렇게 말했다.

"저는 태어날 때부터 감수성이 예민한 편이었고, 아름답고 좋은 것, 편안하고 정을 나누는 것을 사랑합니다."

이런 그녀에게 사랑받지 못하고 버림받은 듯한 느낌 속에서 지내야 했던 오랜 어둔 밤의 시련이 얼마나 괴로웠을지는 상상하기 어렵지 않다. 그러나 바로 그 어둔 밤의 시련이야말로 예수님의 사랑의 빛줄기를 가난한 이들의 암흑으로 가져와 비추는 힘이 되었다는 것을 알았을 때, 데레사 수녀는 모든 괴로움에서 벗어날 수 있었던 것이다.

데레사 수녀는 기도 생활 안에서 마치 하느님께 버림받은 듯, 친밀감을 느끼지는 못했지만 조금도 망설임 없이 감사하는 마음을 분명히 드러냈다. 그래서 1950년 6월 21일 페리에 대주교에게도 이렇게 썼다.

"제가 어두움의 입구로 들어설 때 그곳에는 언제나 하느님께서 계셨습니다."

아무것도 없는 그 자체를
하느님께 바치세요

데레사 수녀는 매일 하루 종일 가난하고 외롭고 병들고 학대받고 버림받은 사람들을 겸손한 마음으로 돌보면서 하느님을 향한 목마름을 가장 많이 느꼈고, 그 목마름은 곧 그녀가 고통 받는 이들을 극진히 돌보는 원동력이 되었다. 데레사 수녀는 하느님께 나아가는 겸양으로 불우한 사람들에게 다가갔다. 어느 날 로마의 카실리나 수녀원에서 데레사 수녀는 이렇게 말했다.

"폴 신부님, 가난한 사람들이 원하는 것은 우리의 동정이 아니라 도움입니다. 오히려 우리가 그들의 동정을 필요로 합니다."

1991년 8월 데레사 수녀의 초청으로 로마의 산그레고리오 수녀원을 방문했을 때의 일이다. 그곳에는 기자들이 가득했는데, 데레사 수녀가 인터뷰에 응하지 않고 있었다. 기자들은 인터뷰를 통해 전 세계가 그녀의 사업을 돕게 될 것이라며 끈질기게 요청했다. 그러나 데레사 수녀는 '감사하지만 오늘은 할 말이 아무것도 없다'며 단호히 거절했다.

마침내 기자들은 카메라며 조명 기구 등을 챙겨 철수했고, 나는 데레사 수녀와 함께 앉아 이야기를 나누게 되었다. 그녀는 이렇게 첫마디를 시작했다.

"그들은 예수님이 인류 역사상 가장 중요한 메시지를 가지고 이 세상에 오셔서 33년밖에 살지 않았고 그중 30년 동안 아무것도 하지 않으셨다는 사실을 이해하지 못합니다."

데레사 수녀는 '아무것도 없다'는 의미를 다시 강조해 말했다.

"폴 신부님, 기도나 묵상 중에 집중하지 못하고 아무것도 하지 못한다 할지라도 화내거나 실망하며 그 자리를 떠나지 마시고 하느님께 돌아서서 아무것도 못한 그대로를 드리세요."

'아무것도 없는 그대로를 하느님께 드리라'는 한마디는 데레사 수녀의 영성적 자질과 하느님께의 신비로운 겸양을 보여 준다. 콜카타의 수녀원에서 만나 이야기를 나누었을 때도 데레사 수녀는 문득 이렇게 외쳤다.

> 저는 미약하기에 하느님께서 높으시고 모든 것을 초월해 전능하심을 잘 압니다. 그런데 그 하느님께서 작아지셔서 제 사랑을 목말라하시며 애원하십니다. 저는 이해할 수 없습니다, 저는 이해할 수 없습니다, 저는 이해할 수 없습니다!

미사 중의
데레사 수녀

데레사 수녀와 함께 기도하는 것은 물론, 다른 수녀들과 다 같이 묵주기도를 바치거나 미사를 드리는 것은 내게 커다란 축복이었다.

1997년 5월 24일, 데레사 수녀가 임종하기 석 달 전쯤 로마의 사랑의 선교 수녀회 중에서도 가장 규모가 큰 카실리나 수녀원의 아침 미사에 초대된 적이 있다. 그날은 젊은 수녀들의 서원을 겸한 특별 미사가 있었는데, 데레사 수녀는 이에 앞서 사랑의 선교 수녀회 수녀들만의 미사를 원해 나를 초대한 것이었다. 살다 보면 영원히 잊을 수 없는 특별한 은총과 축복이 내리는 순간이 있는데, 내게는 카실리나 수녀원에서의 미사가 바로 그러했다. 게다가 그것이 데레사 수녀와 함께 드린 마지막 미사였던 것이다.

미사 전례 중 빵을 나누는 예식의 아름다움과 신비는 무엇에도 비교할 수 없으며, 불우한 사람들을 위해서 평생을 바친 데레사 수녀의 과업과도 떼어 놓을 수 없는 신앙의 표현이었다. 미사를 드리면서 데레사 수녀는 이렇게 말했다.

> 성체 안에 빵의 형상으로 계시는 예수님께서 빈민굴에서는 불쌍한 사람의 모습으로 우리에게 오십니다. 성체와 불쌍한 사람은 별개가 아닙니다. 바로 예수님의 사랑입니다. 미사는 저를 지켜 주는 영혼의 양식입니다. 저는 하루도 미사 없이는 살아갈 수 없습니다.

매일 미사에 참여할 때 데레사 수녀가 보여준 자신을 낮추는 태도는 생명의 빵으로 양육되고자 하는 그녀의 절실함을 드러내는 것처럼 보였다. 그녀는 제대 앞에 간절한 기다림으로, 또 참된 단순함으로 무릎을 꿇곤 했다. 그러나 돌연 동정을 구걸하는 거지처럼 절박한 눈빛으로 제대를 올려다보기도 했는데, 그것은 참으로 생생하고도 깊은 하느님에 대한 갈망으로 보였다. 내가 기억하기에는 강론 시간에도 데레사 수녀만큼 깊이 생명의 말씀에 주려 있는 영적 가난을 보여 주는 사람은 없었다. 세상의 어떤 사제가, 복음을 전하는 누가 이토록 겸허할 수 있을까!

: 카실리나 수녀원에서의 마지막 인사

사랑의
선교

데레사 수녀는 서명할 때 이름 뒤에 사랑의 선교 수녀회의 영문 약자인 'MC'를 덧붙이곤 했다. 아마도 사랑의 선교를 몸소 실천한 처음이자 마지막 사람일 것이다.

데레사 수녀의 관심은 언제나 자신이 아니라 세상에서 누구보다 도움과 보살핌을 필요로 하는 사람들을 향해 있었다. 그녀의 감추어진 내면생활에 대한 말과 글들을 살펴보면, 육체적 고통 중에도 그녀는 극소수의 사람들을 제외한 모든 이들에게 그러한 사실을 감춘 채 다른 사람들을 돕는 일에 힘썼음을 알 수 있다.

예를 들어 1993년 5월 초 데레사 수녀는 넘어져서 갈비뼈가 세 대나 부러졌는데 병원에 더 있으라는 의사의 만류를 뿌리치고 서둘러 퇴원했다. 얼마 뒤 나는 수녀원을 방문해 처음 보는 미국인 신부와 함께 미사를 집전하게 되었다. 미사가 끝나고 데레사 수녀는 직접 우리에게 간단한 아침을 챙겨 주었다. 그녀의 얼굴은 미소를 띠며

편안한 듯했지만 눈가에는 심한 아픔이 드러나 있었다.

우리는 그 무렵 중국에 관한 이야기를 자주 나누었는데, 데레사 수녀는 중국에 복음을 전할 기회를 항상 기다리고 있었다. 미국인 신부가 데레사 수녀에게 물었다.

"수녀님은 중국의 어떤 특정한 부류의 사람들을 목표로 삼고 계십니까?"

그의 질문은 일상적인 것이었지만 그가 쓴 '목표$_{target}$'라는 단어는 비즈니스에나 사용할 뿐, 복음에는 적합하지 않았다. 데레사 수녀는 불쾌한 내색 없이 분명한 어조로 대답했다.

"제가 바라는 것은 누구든지 도와줄 사람이 없는 사람들을 돕는 것입니다."

데레사 수녀의 관심은 늘 세상의 가장 불쌍한 사람들을 향해 집중되었지만, 다른 계층의 사람들을 만나 용기를 주는 일도 게을리하지 않았다. 그 일 역시 사랑의 선교 사업의 일부분이었기 때문이다.

언젠가 데레사 수녀는 말콤 머거리지$_{Malcolm\ Muggeridge}$라는 사람에게 꾸밈없는 마음과 확고한 신앙, 깊은 열정을 담은 편지를 써 보내 그가 개종하도록 한 일이 있다.

저는 이제 선생님을 조금 더 이해할 수 있지만 선생님의
깊은 고뇌에 대해서는 무어라고 대답하기 어렵습니다.
왜 그런지 모르겠지만 제게 선생님은, 밤중에 예수님을
찾아온 니코데모(요한 3,1-21 참조)처럼 보입니다. 대답은
예수님의 말씀과 같습니다.
"어린이처럼 되지 않으면…." (마태 18,3 참조)
선생님이 하느님 안에서 어린이가 되기만 한다면 모든
것을 이해할 수 있다고 저는 확신합니다.
선생님이 그토록 그리는 하느님은 선생님으로부터 멀리
계십니다. 하느님은 선생님을 지극히 사랑하시기에 예수
님을 보내 선생님과 또 저를 위해 죽음을 당하게 하셨습
니다. 하느님은 그렇게 하실 수밖에 없었음에 틀림없습
니다.
예수님은 선생님의 양식이 되고자 하십니다. 그렇게 생
명의 양식으로 둘러싸여 있으면서도 선생님은 그 양식을
먹지 않고 스스로를 굶기고 있습니다.
선생님을 향한 예수님의 사랑은 무한합니다. 그런데 선
생님이 겪는 교회에 대한 작은 갈등은 유한합니다. 무한

한 사랑으로 유한한 갈등을 이기십시오.

예수님은 선생님을 원하시기에 선생님을 창조하셨습니다. 선생님이 느끼는 어둡고 공허로 가득한 열망을 잘 압니다. 그래도 하느님은 선생님을 사랑하십니다.

이 편지에는 주목할 만한 구절이 많지만, 지금까지 데레사 수녀의 내면의 어두움에 대해 살펴본 우리에게는 마지막의 '선생님이 느끼는 어둡고 공허로 가득한 지극한 열망을 잘 압니다. 그래도 하느님은 선생님을 사랑하십니다.'라는 구절이 가장 와 닿을 것이다. 데레사 수녀는 여러 가지 방법으로 이 말을 반복했으며, 바로 이 말이야말로 그녀가 전하는 복음의 핵심이다.

"하느님은 당신을 사랑하십니다."

데레사 수녀와
소화 데레사

 1995년 1월 콜카타 사랑의 선교 수녀회에서 피정을 지도하던 어느 날 아침 미사를 드리고 데레사 수녀가 차려주는 아침을 먹을 때의 일이다. 데레사 수녀는 평소 자기 자신에 관한 이야기를 잘하지 않는 편인데 그날은 자신의 수도명인 '데레사'에 대해서 먼저 말을 꺼냈다.

 수도명을 정할 당시 그녀는 십자가의 성 요한과 더불어 가르멜 수도원의 개혁을 주도했던 스페인의 신비 영성가 아빌라의 대大 데레사가 아닌, 리지외의 소화小花 데레사를 원했다고 한다. 하지만 수도회에는 이미 그 이름을 쓰는 수녀가 있었으므로 아빌라의 데레사로 정하게 된 것이다. 그녀는 이름조차 큰 데레사가 아닌 작은 데레사를 원했다. 나를 포함해 데레사 수녀를 아는 사람이라면 누구나 마찬가지겠지만, 이 이야기를 듣기 전부터 콜카타의 데레사와 리지외의 소화 데레사 사이의 영적 연관성을 쉽게 발견할 수 있다.

1997년 5월 데레사 수녀와 함께 드린 카실리나의 미사 때에도 프랑스의 성녀 소화 데레사의 이야기를 강론 주제로 삼았다. 소화 데레사는 한 세기도 더 앞선 1893년 8월 2일에 친언니인 셀린에게 콜카타의 데레사가 썼음직한 의미심장한 편지를 썼다. 소화 데레사는 우리의 삶 가운데 계시지 않는 듯한, 역설적인 하느님의 현존에 대해 썼다.

"하느님은 어두움에 싸여 숨어 계십니다. 그러나 그 어두움은 오히려 신비스러운 빛이며 하느님의 현존으로부터 발하는 광채입니다. … 예수님의 사랑은 너무도 지극하여 당신이 그것을 감지한다면 황홀한 기쁨으로 죽어 버릴 듯하지만 우리는 그것을 보지 못하고 괴로워할 뿐입니다."

그날 나는 예수님께서 마지막 날에 하신 마태오 복음서의 말씀을 인용한 소화 데레사의 편지를 들려주었는데, 이 부분은 데레사 수녀의 생활과 과업에도 큰 영향을 끼쳤다.

예수님은 우리가 당신을 돌볼 수 있도록 스스로를 낮추십니다. 마지막 날 찬란한 영광에 싸여 오시는 사랑으로 가득한 예수님의 소리를 들을 것입니다. "내 아버지께 복을 받은 이들아, 오라. 너희는 내가 굶주렸을 때에 먹을 것을 주었고, 내가 목말랐을 때에 마실 것을 주었으며, 내가 나그네였을 때에 따뜻이 맞아들였다. 내가 병들었을 때에 돌보아 주었으며, 내가 감옥에 있을 때에 찾아 주었다."(마태 25,34-36) 이렇게 말씀하시는 분이 바로 예수님이시며 그분은 우리의 사랑을 애타게 원하신다. 스스로를 낮추시어 우리의 자비를 청하신다. 예수님의 천상의 눈에는 가장 작은 것이 가장 소중하다.

성인이든 죄인이든 신앙 표현 안에서 하느님의 자비와 도우심을 청하기 마련이다. 다만 이 편지에서는 자비와 도우심을 청하는 쪽이 하느님 자신이라는 점이 눈길을 끈다. 그리고 소화 데레사의 이러한 관점을 콜카타의 마더 데레사 수녀는 철저히 받아들였다. 그래서 예수님께서 우리의 사랑을 목말라하시고 우리의 관심을 갈구하신다는 사실을 미사 때 성체 안에서뿐 아니라, 고통을 겪으며 도움을 필요로 하는 사람들 가운데서 발견할 수 있다고 확신했다.

1994년 2월 초순 워싱턴의 아침 기도 모임에서도 데레사 수녀는 소화 데레사가 언니 셀린에게 보낸 편지 중 마태오 복음을 발췌한 부분을 언급했고 자신이 가장 좋아했던 마지막 구절로 말을 끝맺었다.

"너희가 내 형제들인 이 가장 작은 이들 가운데 한 사람에게 해 준 것이 바로 나에게 해 준 것이다."(마태 25,40)

데레사 수녀는 이 구절을 종종 인용할 만큼 좋아했고, 자기 것으로 만들어 진지하면서도 재미있게 표현하곤 했다. 로마에서는 한두 번, 콜카타에서도 한 번인가 내 손을 잡아 자신의 손 위에 놓고 내 다섯 손가락에 하나씩 '네가-나에게-해-준-것이다'라고 썼다. 그리고 이렇게 말했다.

"폴 신부님, 우리 삶의 모든 신비가 이 다섯 단어 안에 있어요."

사랑의
갈망

"결혼하셨습니까?"

어느 미국인 교수가 데레사 수녀에게 다분히 장난스럽게 묻자, 그녀는 머뭇거림 없이 "네! 그런데 제 배우자가 요구하는 것이 참 힘드네요." 하고 대답했다.

비록 장난처럼 던진 말이었지만, 데레사 수녀의 대답은 그녀의 삶에 가장 핵심적인 부분이었다. 즉, 데레사 수녀의 사랑하는 배우자, 하느님이 그녀에게 얼마나 큰 기대를 품고 있는지 그녀 자신도 잘 알고 있다는 뜻이다.

이 말을 듣고 나는 데레사 수녀가 처음 콜카타에서 하느님의 사업을 시작할 무렵을 떠올렸다. 사랑의 선교 수녀회 일을 처음 시작하면서, 데레사 수녀의 의지는 고된 시험을 치러야 했으며 혼란을 겪어야 했다. 그녀는 전에는 느껴 보지 못한 십자가의 무거운 짐을 어깨에 짊어지기 시작했던 것이다. 1949년 2월 16일 데레사 수녀는 일기에 이렇게 적고 있다.

"오늘 나는 가난한 이들의 고통이 얼마나 큰지 잘 알게 되었다. 돌아오는 길에 팔다리가 저리도록 걸으면서 머물 곳과 먹을 것이 없어 도움의 손길을 찾아 헤매는 그들의 고통이 얼마나 괴로운 것인지 새삼 느낄 수 있었다. … 이러한 현실이야말로 이 사회가 안고 태어난 어둔 밤이다. 이 순간 하느님께서 나에게 당신의 부름을 견뎌 낼 용기를 주신다."

그 무렵 데레사 수녀가 감내해야 했던 어려움은 단지 빈민가에서 살며 일하는 것만이 아니었다. 그것도 쉬운 일은 아니었지만, 처음 몇 달 동안 그녀를 더 힘들게 했던 것은 갑자기, 그리고 철저히 하느님으로부터 버림받은 듯한 느낌이었다. 그해 2월 16일 '어둔 밤'이라는 말을 갑자기 쓰게 된 것도 무리가 아니다. 일주일 뒤 2월 28일 데레사 수녀는 일기에 이렇게 썼다.

"오늘 느낀 이 외로움을 얼마나 더 오랫동안 겪어야 할지… 눈물이 그치지 않는다."

마음속에서 들려오던, 신비로운 영감 안에서 감지할 수 있던 위로의 하느님은 몇 달 동안 계속 침묵을 지키셨다. 사랑하는 배우자와 함께하는 위로의 은총은 온데간데없고, 어두움과 공허만이 엄습했다. 이 적막함에 충격을 받은 데레사 수녀는 '불쌍한 이들을 돕는 일을 시작할 때부터 내 안은 모든 것이 죽어 버린 듯 무서운 암흑뿐이다.' 라고 기록했다.

그러나 얼마 지나지 않아 데레사 수녀는 그 '어둔 밤' 이야말로 몸과 마음을 바쳐 봉헌하는 자신을 받아 주시는 하느님의 표지임을 이해하게 되었다. 그래서 1969년 1월 14일 미국에 있는 친구 수녀(도미니코회의 삼위일체의 마리아 수녀)에게 다음과 같이 쓸 수 있었던 것이다.

"암흑이 당신의 영혼을 뒤덮어도 즐거워하십시오. 그것은 하느님께서 당신을 받아들이셨다는 생생한 증거입니다."

이 말은 살아 있는 믿음을 보여 주지만, 데레사 수녀가 평소 느낀 감정이든 직관에 의한 이해이든 암흑은 여전히 어둡게 느껴진다는 점을 잊어서는 안 된다. 따라서 데레사 수녀가 '어둔 밤'을 깊은 신뢰로 이해하고 그것이 곧 하느님의 사랑을 증명하는 표시라고 생각했음에도 수

년 동안 끈질기게 지속된 내면의 어두움은 견디기 어려운 고통이었다.

복종하는 은총

마더 데레사의 하느님께 "예" 하는 마음가짐이 오랜 시련을 어떻게 견뎌 내며 지켜졌는지는 말로 표현하기 어렵다. 다만 하느님의 무한한 자유와 인간 영혼의 유한한 자유 사이에 어떤 교감이 이루어지고 있음을 얼핏 깨닫게 된다. 그렇다면 데레사 수녀처럼 역경을 감내하며 하느님의 뜻에 온전히 자신을 내맡길 수 있는 자세는 어떻게 설명할 수 있을까?

이에 대해 한스 우르스 폰 발타살(Hans Urs von Balthasar, 1905~1988 : 스위스의 신학자·추기경)은 자신의 저서[4*]에서 '하

[4*] 'Beyond Action and Contemplation', *Explorations in Theology IV: Spirit and Institution*, E. T. Oaks, San Francisco 1995, p. 304

느님의 말씀을 온전히 받아들이려는 적극적인 수동의 자세'로서, 그것은 곧 '세상을 구원하기 위해서 스스로를 바치고자 하는 열렬한 마음가짐이자 봉헌의 의지가 담긴 복종의 기도'라고 했다.

데레사 수녀의 삶과 직접적인 연관성이 없어 보이지만 이는 데레사 수녀의 내면을 염두에 두고 쓴 글이 틀림없다. 다음에 이어지는 표현 역시 그러한 사실을 증명한다. '이러한 마음가짐이 갖추어질 때 하느님은 그 사람이 인간의 능력으로 견뎌 낼 수 없는 짐을 질 수 있게 하시고, 그 마음가짐이 인간의 한도를 넘어설 만큼 확고해지면 그리스도적 열정에 도달하게 된다.'

데레사 수녀가 끊임없이 "예"라고 복종하며 스스로를 인간이 감내할 수 있는 한계 이상의 영역으로 확장시켰던 사실은, 하느님을 향한 사랑으로 온몸을 불사르면서도 자주 신부들이나 수녀들, 봉사자들, 자신이 돕고 있던 불우한 사람들에게까지 자기를 위해서 기도해 달라고 부탁했던 이유를 설명해 준다.

사제로서 개인적인 경험상으로도 데레사 수녀만큼 자

주, 절실히 기도를 부탁하는 사람을 보지 못했다. 돌이켜 볼 때 새삼 놀라움을 금치 못한다. 1991년 여름 어느 날 아침, 로마의 산그레고리오 수녀원에서 미사를 드린 후 제의방에서 잠시 데레사 수녀를 만날 기회가 있었다. 그녀는 내게 이렇게 말했다.

"폴 신부님, 제가 하느님의 아름다운 과업을 망치지 않도록 저를 위해서 기도해 주세요."

그리고 그날 오후 수녀원 중앙의 빈터에서 다시 만나 돌계단 위에 올라서서 내 눈을 똑바로 들여다보면서 내 손에 자신의 손을 포개 얹고 마치 함께 기도를 드리듯이 말했다.

"폴 신부님, 신부님이 제 기도를 필요로 하는 것보다 몇 배나 더 많이 제가 신부님의 기도를 필요로 합니다."

그리고 팔을 벌리며 이렇게 외쳤다.

"저는 온 세상의 고난 속으로 저를 내던집니다."

데레사 수녀의 손과 팔이 몹시 떨리고 있었다.

깊은 통찰력,
단순한 언어

초기 사막 교부들 가운데 롯과 요셉의 이야기가 있다. 아빠Abba 롯이 파네피시스의 아빠 요셉을 찾아가 물었다.

"저는 단식도 자주 하고 기도와 묵상을 게을리하지 않으며, 되도록 평화롭게 지내고 맑은 생각을 하며 삽니다. 이밖에 또 무엇을 해야 하겠습니까?"

아빠 롯이 말을 마치자 아빠 요셉이 일어나 하늘을 향해 손을 뻗었는데, 그의 열 손가락에서 불꽃이 일었고 롯에게 이렇게 말했다고 전해진다.

"네가 원하면 너는 온통 불꽃이 될 수 있다."

데레사 수녀를 생각하면 이 이야기가 떠오른다. 수년 동안 차츰 데레사 수녀를 알게 될수록 그녀가 하느님의 사랑으로 완전히 불타는 듯한 인상을 받았으며, 실제로도 그녀는 그러했다. 데레사 수녀가 하느님에 관해서 말할 때나 도움이 필요한 사람들과 함께 있을 때 뿜어내는 광채가 그녀의 영혼 가운데 타오르는 불꽃이라는 것을 여러 번 느낄 수 있었다.

  1991년 8월 로마의 산그레고리오 수녀원의 돌계단에서 데레사 수녀를 만난 지 2주 후, 피정을 지도해 달라는 요청에 다시 그곳을 방문하게 되었다.

  피정 중 어느 날 데레사 수녀와 제의방에서 반시간가량 대화를 나누게 되었다. 주로 데레사 수녀가 말을 하고 나는 듣는 편이었다. 그녀는 줄곧 하느님과 그분의 사랑에 대해서 담담하면서도 지극히 단순하게 말했다. 특별히 인상적인 것이나 놀랄 만한 것은 없었지만, 그녀의 말과 말 사이에서 한없는 깊이와 바다처럼 넓은 깨달음을 감지할 수 있었다. 그중에서도 다음 한마디는 하느님에 관해서 누구나 할 수 있는 기본적인 표현인데도 그녀의 입을 통해 듣자 '계시'처럼 들렸다.

  "폴 신부님, 하느님은 사랑이십니다."

  이야기를 나누는 동안 데레사 수녀는 전에 보지 못한 기쁨에 차 있었다. 그녀는 계속 말을 이어 나갔고 나는 듣기를 계속했다. 그런데 은총과 축복으로 가득 찬 순간이 갑자기 찾아왔다. 그때를 떠올리면 지금도 놀랍다. 데레사 수녀가 나의 어머니를 위해서 기도한 것이다. 나는 한 번도 어머니에 대해서 데레사 수녀에게 말한 적이 없었기 때문에 놀라움은 더 컸다.

나의 어머니는 그 당시 북아일랜드의 벨파스트에서 혼자 살고 계셨다. 어머니는 기도 생활에 충실하셨는데, 아버지가 돌아가시고 몇 년 뒤부터 신경 장애를 앓고 계셨다. 다행히 지금은 회복되셨지만 당시에는 자주 심한 우울증에 빠지시곤 해서, 1년에 한두 번씩 본인은 물론, 아들딸 여덟을 포함해 온 가족이 힘들어할 때였다.

로마에서 데레사 수녀가 어머니에 대해서 말하기 몇 달 전, 나는 어머니와 함께 집에서 성탄을 보냈다. 그때는 어머니의 증세가 악화되어 어머니를 사랑하는 가족 모두 몹시 고통스러워했다. 나는 틈이 나는 대로 어머니를 위해서 예수님께 기도를 드렸다. 이전에도 기도를 드렸지만 그때처럼 절실했던 적이 없었다. 어찌나 절박했던지 기도 중에 인내심을 잃어버리고 '주님, 제 어머니의 말년을 이렇게 보내게 하시면 안 됩니다!' 하고 떼까지 썼다.

작은
기적일까?

 데레사 수녀와의 대화 중 8개월 전 함께 성탄절을 보낸 어머니 생각을 하고 있었던 것은 아니다. 그런데도 숨어 있는 내 마음을 알아챈 듯 데레사 수녀는 말을 하다 말고 나를 쳐다보며 내 눈에서 전에 없던 어떤 표정이라도 읽은 듯, 갑자기 일어나 "폴 신부님, 잠깐 실례하겠습니다. 금방 돌아올게요." 하고 자리를 떠났다.

 몇 분 뒤 그녀는 작은 봉투를 들고 돌아왔다. 그녀는 봉투를 내게 건네주며 "폴 신부님, 이걸 어머님께 드리세요." 하는 게 아닌가. 데레사 수녀와의 대화를 마치고 열려 있던 봉투를 들여다보니, '친애하는 폴 신부님의 어머님께 마더 데레사 MC로부터' 라고 적혀 있었다.

 몇 주 뒤 편지를 가져다 드렸더니 어머니는 당연히 무척 기뻐하셨다. 아마 어머니는 내가 데레사 수녀에게 부탁한 일이라고 생각하셨을 것이다. 어머니는 마더 데레사의 편지를 받았다는 것을 큰 축복으로 여기셨고, 편지의 위력은 상상 이상이었다.

이후 어머니는 우울증이 심해지는 일 없이 지내셨다. 물론 가끔 누구나 그렇듯이 기분이 좋았다 나빴다 하는 정도의 일은 있었지만, 데레사 수녀를 통한 기대하지 않은 은총 덕에 어머니는 오랫동안 시달리던 고통에서 벗어나실 수 있었다.

데레사 수녀의 생애에 이런 일이 더 있었는지도 모르겠다. 어쨌든 데레사 수녀와 함께하시는 하느님의 섭리는 그녀가 내 안에 감추어진 기도를 읽게 하시고, 내 어머니에게 필요한 은총을 주셨다.

데레사 수녀는 스스로를 하느님 손에 쥐어진 연필이라고 말한 바 있다. 하느님의 그 손, 하느님의 그 마음이 데레사 수녀로 하여금 어머니에게 편지를 쓰도록 했고, 데레사 수녀는 재빨리 그 은총에 응답했다. 데레사 수녀 자신은 미처 알아차리기도 전에 이미 행동으로 옮긴 것이다. 짐작하겠지만, 내가 느낀 감사와 놀라움은 말로 표현할 길이 없다.

자유와
기쁨에 찬 영혼

생각이 깊고 분별력을 두루 갖춘 데레사 수녀에게서 고지식하거나 냉담한 태도는 찾아볼 수 없었다. 불우한 이들을 돕기 위해 기쁨과 활기에 찬 젊은이들이 찾아올 때마다 늘 신선한 유머 감각으로 반갑게 그들을 맞아들였다.

1966년 어느 날에도 그랬다. 데레사 수녀가 기차 여행을 떠나기 직전, 사랑의 선교 수녀회 지원자들이 도착했는데, 그녀는 기차 안에서 로즈 데레사 수녀에게 이렇게 썼다.

"젊고 건강하고 발랄한 34명의 지원자들의 웃음소리가 온 집안을 울리더군요. 그 기쁨을 그들과 함께 오래 나누지는 못했지만 제 마음이 그들과 함께하기에 이 기차 안에까지 그들의 웃음소리가 들려오는 듯합니다."

오랜 세월을 통해 데레사 수녀가 강론이나 여타 자리에서 누구보다 뛰어난 유머 감각을 발휘한다는 사실을 알게 되었다. 예를 들어, 니코데모 이야기를 통해 개종한 말콤 머거리지에게 편지를 보내면서 답장을 빨리 받으려고 이렇게 쓴 적도 있다.

"우리 수녀원의 수녀님들은 제가 답장을 제때에 맞춰 쓰면 1등급 점수를 줍니다. 좀 더디면 2등급, 3등급이고 아예 답장을 안 쓰면 최하위 등급이 됩니다. 저도 선생님이 답장을 보내지 않으시면 최하위 등급을 줄 테니 알아서 하세요!"

또 1981년 어느 날에도 농담 삼아 "장상을 그만두면 뭐 하고 지내시나요?"라고 물으니, "화장실이나 하수구를 치우는 일류 청소부가 될 거예요!"라고 받아넘겼다.

데레사 수녀는 매일매일 아무리 작은 일도 수도회의 일과표를 그대로 지켰다. 그러면서도 늘 자유로운 분위기를 잃지 않는 유쾌한 여인이었다.

한번은 그 쾌활함과 자유로움에서 나온 유머 감각이 좌중을 놀라게 한 적도 있다. 그날은 바티칸에 있는 사랑의 선교 수녀회 수녀원(Dono di Maria)에서 돌보는 나이 든 여인들의 기숙사 축성식이 있었다. 교황 접견실과 벽을 마주한 그곳은 원래 교황 요한 바오로 2세의 지시에 따라 마련되었는데, 기숙사가 좁다는 의견이 있어 다시 확장이 허락된 곳이었다. 이 축성식에는 데레사 수녀를 비롯해, 그날 축성을 담당한 주교와 다른 수녀들, 봉사자들, 사제들이 참석했다. 마침 나도 그때 데레사 수녀의 고해 신부로 로마에 머물고 있던 차라 축성식에 참석할 수 있었다.

우리는 주례 주교 주위를 둘러섰고, 주교는 기도로 의식을 시작하고 간단한 강론을 했다. 먼저 원래 수녀원 부지로 그곳을 마련해 주었을 뿐 아니라, 다시 기숙사를 짓도록 허가하신 교황의 적극적인 배려에 감사했다. 그리고 수녀들의 활동에 깊은 관심을 가져 준 교황에 대해 다시 한 번 감사한다고 거듭 강조하자, 맨 앞줄에 있던 데레사 수녀가 중얼거리듯 말했다. 내가 제대로 알아들은 것인지 몰라 어리둥절해하자, 데레사 수녀가 웃음을 머금은 채 손가락으로 하늘을 가리키면서 다시 말했다.

"우리는 제일 먼저 하느님께 감사해야 합니다!"

그제야 주례 주교도 자신이 혼잣말처럼 하긴 했지만

하느님께, 또는 예수님께 제대로 감사를 드리지 않았다는 것을 알아챘다. 데레사 수녀의 행동에 주교는 잠시 당황했지만 곧 미소를 지으며 강론을 계속했다. 데레사 수녀는 손가락을 하늘로 향한 채 내가 서 있는 쪽을 향해 진지하면서도 장난스럽게 속삭이듯이 말했다. "하느님!" 나는 처음에는 놀라 가만히 있었지만, 이내 겨우겨우 웃음을 참았다. 데레사 수녀는 손가락을 내리고 주교는 강론을 무사히 마쳤다.

나는 데레사 수녀의 얼굴에서 개구쟁이 같은 표정을 읽을 수 있었다. 참석한 이들의 이해와 친밀감으로 즐거운 해프닝으로 지나갔지만, 나는 그 속에서 어떤 계시 같은 것을 느꼈다. 데레사 수녀의 행동은 누구의 기분도 상하게 하지 않으면서 웃음으로 받아들일 수 있는 가벼운 것이었는데, 그 속에는 우리의 믿음 가운데 자리 잡은 진리가 있었다. 즉, 우리는 교황을 비롯해 베드로 사도로부터 이어 오는 교회의 여러 가지 혜택에 감사해야 하지만, 우리가 살면서 느끼는 모든 감사는 사실 세상의 모든 선물과 축복을 우리에게 주시는 하느님께 제일 먼저 향해야 한다는 것이다. 데레사 수녀의 극적인(하늘을 가리킨) 몸짓은 바로 그 점을 일깨워 주었다. 교회 안에서 우리가 하는 일이 아무리 값지고 영예로운 것이라 해도 우리는 다만 하느님의 놀라운 은총의 도구로서 그 일을 했을 뿐이다. 이 진리를 우리에게 일깨워 주는 것이 그녀의 역할이었다고 생각한다. 그녀는 어린이처럼 순수하고 활기차게, 그리고 당당하게 그날 바티칸에서 우리에게 그 가르침을 보여 주었다.

우연히도 그 자리에 참석한 사람 중 한 명이 이 장면을 놓치지 않고 사진으로 찍어 두었다. 그 사진이 아니었더라도 환히 웃으며 손가락으로 하느님을 가리키는 데레사 수녀의 몸짓과 말은 내 마음에 영원히 남아 있을 것이다.

"우리는 제일 먼저 하느님께 감사해야 합니다!"

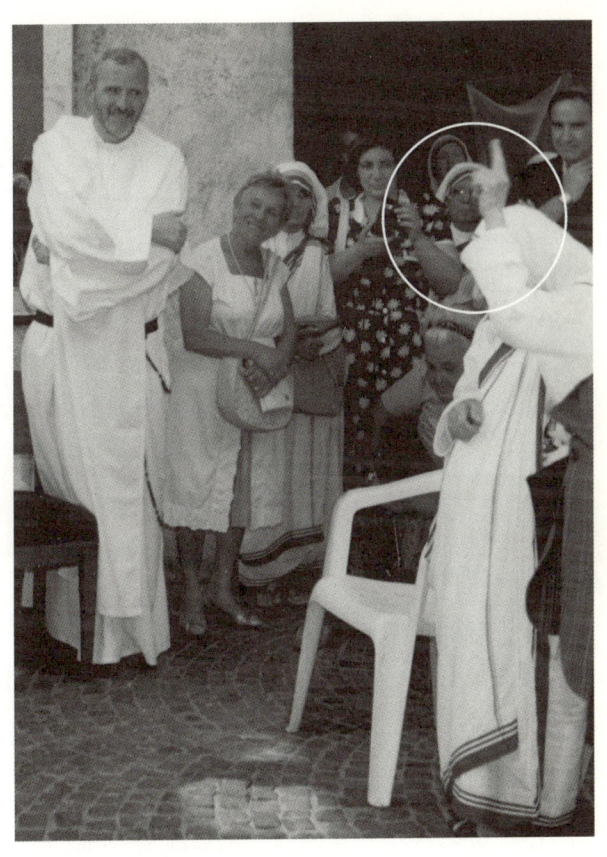

: 손가락으로 하늘을 가리키는 데레사 수녀

지상에서
천국으로

데레사 수녀의 시복식이 거행되던 날 성 베드로 광장은 수많은 사람들로 가득 찼다. 하느님의 찬란한 빛을 드러내는 작은 체구의 알바니아 여인을 통해서 자기 삶이 변화된 남녀노소가 세계 각지에서 모여들었다. 몇 해 전 데레사 수녀는 노이너 신부에게 이렇게 쓴 적이 있다.

"제가 만에 하나 성녀가 된다면 틀림없이 '어두움'의 성녀가 될 것입니다. 그래서 하늘에 머물지 않고 이 땅 위에서 어두움 속을 헤매는 사람들에게 빛을 비추어 줄 것입니다."

'하늘에 머물지 않고' 라고 쓴 대목에서 바티칸 수녀원(Dono di Maria)에서 들은 데레사 수녀의 말이 새삼 떠올랐다. 당시 데레사 수녀는 먼저 소성당에서 고해성사를 마친 다음, 성당 밖 작은 탁자에 걸터앉아 이야기를 들려주었다. 그것은 그녀의 머릿속에서 오랫동안 맴돌던 꿈 얘기였다. 말하는 내내 데레사 수녀는 한 번도 웃지 않았지만 나는 시종 그녀의 눈에서 웃음을 읽을 수 있었다.

제가 빈민가에서 일하기 시작한 첫 번째 달의 어느 날 밤, 환영과 같은 꿈을 꾸었습니다. 난데없이 제가 천당 문 앞에 있었습니다. 기쁨과 환희에 싸인 채 천당 문으로 들어서려는데, 베드로 사도가 나타나 길을 막으며 이렇게 말하는 게 아닙니까.
"당신은 들어갈 수 없습니다. 여기에는 빈민가가 없답니다."
저는 성을 내며 이렇게 대꾸했습니다.
"좋아요, 그럼 저는 돌아가겠습니다. 하지만 빈민가의 내 친구들을 모두 데리고 돌아와, 이곳을 가득 채우겠습니다."

이 이야기를 나눈 날은 1994년 10월 26일이었고, 그보다 일주일 전인 10월 19일에도 데레사 수녀의 부탁을 받고 수녀원(Dono di Maria)으로 새벽 미사를 드리러 갔었다. 데레사 수녀 외에도 예닐곱 명의 수녀들이 소성당에서 함께 미사를 드렸는데, 미사 중 몇몇 장면을 비디오로 촬영하도록 허락을 받았다. 내 기억에는 그날처럼 데레사 수녀의 모습이 메말라 보인 적도 없었다. 그리고 그로부터 꼭 9년 뒤 같은 날인 2003년 10월 19일에 그 소성당에서 멀지 않은 곳에서 데레사 수녀의 시복식이 거행되었다.

선물,
그 축복

시복식이 거행된 성 베드로 광장에는 수많은 가난하고 불쌍한 사람들, 장애자들이 수녀들과 함께 자리를 지키며 데레사 수녀와 지낸 나날들을 되새기고 있었다. 신부나 수녀는 물론, 많은 이들이 나보다 더 잘 데레사 수녀에 대해 알겠지만, 나는 그동안 그녀와 함께 누린 과분한 영광과 충만한 은총에 새삼 감격을 금할 수 없었다.

시복식이 끝나고 곧이어, 데레사 수녀의 초상이 그려진 현수막이 베드로 대성당 정문 위에 드리워졌다. 데레사 수녀의 수많은 사진 중에서 특별히 뽑은, 그녀의 이미지에 가장 걸맞은 사진이었다. 그 얼굴에서 뿜어내는 광채를 보는 순간, 나는 기쁨으로 가슴이 벅차올랐다. 거기

모인 모든 이들 또한 마찬가지였을 것이다.

시복 미사가 끝날 무렵 내 마음속에는 데레사 수녀가 우리에게 보여 주는 것이 무엇이며, 그녀의 삶과 업적을 통해 발하는 광채의 본질이 과연 무엇인지 생각해 보았다. 한마디로 표현해 그것은 '사랑'이었다. 그리고 동시에 내 안에서는 '비움'이 떠올랐다.

이 비움은 데레사 수녀가 자기 자신을 떠나 그녀를 만나는 사람들에게 다가감을 의미한다. 그녀가 가득차고 우리가 비어 있기 때문이 아니다. 그녀가 우리를 만나는 순간, 우리는 그녀가 세상에서 가장 만나고 싶어 하는 사람이 된다는 뜻이다. 우리는 그녀의 아들딸이 되고 형제자매가 된다. 나아가 우리는 드러나지 않는 형제, 즉 '데레사 수녀의 예수님'이 되는 것이다.

그렇게 우리와 함께하는 동안 데레사 수녀는 우리에게 기대듯이, 우리 안에서 쉬듯이 우리에게 다가온다. 나는 콜카타의 데레사 수녀처럼 찬란한 빛을 발하는 사람을 본 적이 없다. 그녀의 일거수일투족에서 그녀 자신의 선과 힘뿐만 아니라 상상을 초월하는 하느님의 선과 자비가 드러난다.

데레사 수녀를 알게 되는 행운을 누린 이들은 짧은 만남 중에서도 그녀의 내면의 빛과, 그녀를 통해 비추는 겸허하고 아름다운 하느님의 빛의 선물을 받아 누린다. 내가 이렇게 말할 수 있는 것은, 우리 모두가 그 빛을 깨닫고 체험하고자 도움을 청하는, 데레사 수녀가 평생을 바쳐 돌본 불쌍한 이들 중에서도 가장 불쌍한 이들이기 때문이다.

지난 수년 동안 데레사 수녀는 직접 또는 책이나 기사 등을 통해 많은 잊지 못할 말들을 들려주었다. 그 가운데 성 베드로 광장의 시복식에서 그 어떤 말보다도 내 마음 깊이 울려 퍼진 간결하고도 경이로운 한마디는 이것이다.

"폴 신부님, 하느님은 사랑이십니다!"

예수님의 수난은
언제나 부활의 기쁨으로 끝을 맺습니다.
예수님의 수난으로 우리 마음이 괴로울 때는
부활이 멀지 않음을,
기쁨으로 가득한 부활의 새벽이 밝아 옴을
우리는 기억해야 합니다.
슬픔이 우리의 마음을 뒤덮는다 해도
예수님의 부활의 기쁨을 잊어서는 안 됩니다.

- 콜카타의 데레사 -

번역을 마치고

    데레사 수녀는 고해 사제의 권고에 따라 편지 형식의 글을 쓰기 시작했다고 한다. 고해소에 들어가서도 예수님께 버림받은 듯한 자신의 심경을 차마 제대로 표현하지 못하고 힘들어했기 때문이다. 이 괴로움은 십자가의 성 요한이 말한 '어둔 밤'의 대표적 증상이었고, 가장 보잘것없는 이들을 돌보며 평생을 바친 마더 데레사가 세상을 떠나기 전까지 겪어야 했던 고통이었다.

    신앙은 인간의 이성으로 깨달을 수 있는 명료한 논리나 이데올로기가 아니다. 그래서 하느님을 잃은 듯한 데레사 수녀의 고뇌에 찬 믿음은 더욱더 그 빛을 발한다. 그녀는 우리에게 성화의 길이 위안의 장미로 덮인 길이 아니라는 것을 일깨워 주는 동시에, 우리가 마음을 다잡도록 격려한다.

**슬픔이 우리의 마음을 뒤덮는다 해도
예수님의 부활의 기쁨을 잊어서는 안 됩니다.**

번역하면서 내가 받은 감명을 이 책을 읽는 모든 분들과 나눌 수 있기를 바라며, 격려해 주시고 성원해 주신 모든 분들께 감사의 인사를 드린다.

2010년 부활에
신강용 요한

어둠의 광채

마더 데레사의 신앙의 비밀

지은이 : 폴 머리
옮긴이 : 신강용
펴낸이 : 백기태
펴낸곳 : 성바오로
주소 : 서울 강북구 송중동 103-36
등록 : 7-93호 1992. 10. 6
교회인가 : 2010. 8. 4
1판 1쇄 : 2010. 8. 24
1판 2쇄 : 2010. 10. 12
SSP 911

취급처 : 성바오로보급소
전화 : 9448--300, 986--1361
팩스 : 986--1365
통신판매 : 945--2972
E-mail : bookclub@paolo.net
http://www.paolo.net

값 6,000원
ISBN 978-89-8015-752-5